**Grimaldi & Co.**

Heinz Prüller

# Grimaldi & Co.

## Hunde-Promis und Promi-Hunde

Orac
WIEN • MÜNCHEN • ZÜRICH
*Ein Verlag*
*im Hause Bertelsmann*

**Bildquellenverzeichnis:**

Philip Steidl: Seite 12, 13, 19, 142; Foto helge o. sommer: Seite 15; Kronen Zeitung: Seite 18; Peter Tomschi: Seite 30; Archiv Bernie Ecclestone: Seite 40; Bruno Kreisky-Forum: Seite 47; Foto Sündhofer: Seite 52, 65 (2), 71, 119; Pan Images/Jad Sherif: Seite 81, 84, 101; Bernard Asset: Seite 87; Archiv Jacky Stewart: Seite 93, 94, 95; Sutton Motorsport Images: Seite 96, 99, 100, 103; Archiv Franz Klammer: Seite 118; Archiv Michael Tritscher: Seite 121; Archiv Serge Lang: Seite 125; Archiv Heinz Prüller: Seite 159.

ISBN 3-7015-0405-9


Einbandgestaltung: Eva Silvand, Wien
unter Verwendung eines Fotos von Claudia Zeischka (Vorderseite) bzw. des ORF (Rückseite)
Satz: Zehetner Ges. m. b. H., A-2105 Oberrohrbach
Druck und Bindung: Wiener Verlag, Himberg bei Wien

*Gedruckt auf chlorfrei gebleichtem Papier*

# Inhalt

# Zehn Bitten

## *Was sich ein Hund vom Menschen wünscht*

1. Mein Leben dauert 10 bis 15 Jahre. Jede Trennung von Dir wird für mich Leiden bedeuten. Bedenke es, eh' Du mich anschaffst.
2. Bitte gib mir Zeit, zu verstehen, was Du von mir verlangst.
3. Pflanze Vertrauen in mich – ich lebe davon.
4. Zürne mir nie lange, und sperre mich nicht ein! Du hast Deine Arbeit, Dein Vergnügen, Deine Freunde – *ich habe nur Dich.*
5. Sprich oft mit mir. Wenn ich auch Deine Worte nicht ganz verstehe, so doch die Stimme, die sich an mich wendet.
6. Wisse, wie immer an mir gehandelt wird – ich vergesse es nie!
7. Bedenke, eh' Du mich schlägst, daß meine Kiefer mit Leichtigkeit die Knöchelchen Deiner Hand zerquetschen können, daß ich aber keinen Gebrauch von ihnen mache.
8. Ehe Du mich bei der Arbeit „unwillig" schiltst, bockig oder faul, bedenke: vielleicht plagt mich ungeeignetes Futter, vielleicht war ich zu lange der Sonne ausgesetzt, zu lange allein, oder ich habe ein verbrauchtes Herz.
9. Kümmere Dich um mich, wenn ich alt werde – auch Du wirst einmal alt sein.
10. Geh jeden schweren Gang mit mir. Sage nie: „Ich kann so etwas nicht sehen" oder: „Es soll in meiner Abwesenheit geschehen." *Alles ist leichter für mich mit Dir!*

# Gerettet!

## *Anlaß für ein Buch: Überlebtes Zugsunglück*

Frühling im Waldviertel, ein Samstagvormittag im März. Einer von den Tagen, an dem freundliche Spaziergänger harmlose Hunde streicheln.
Mit der traditionellen Begrüßungsformel: „Was ist denn mit euch zwei?" und die beiden Hunde, wie von ihnen erwartet, schweifwedelnd antworten: „Nix ist mit uns zwei."
Unsere zwei, das sind *Grimaldi* und *Laika.*
*Laika* ist eine Malamut-Hündin, den Huskys sehr ähnlich, ein bissl Wolfsblut in den Adern. Vor knapp zwei Jahren sollte sie von einem bulgarischen Lastwagenfahrer erschossen werden, doch Nora hat sie gerettet – und ihrem Sohn Philip geschenkt. Eine dankbare junge Hundedame mit sehr viel Zärtlichkeitsbedürfnis, aber draußen, auf freier Wildbahn, ein Naturhund. *A tough survivor.*

*Grimaldi,* mein Hund, ist ein zotteliger französischer Hirtenhund aus der Gegend von Monte Carlo – darum heißt er auch so. Treuherzig, die Haare vor den Augen, Muttermal auf der Zunge. Jetzt schon acht Jahre alt, im reifen Hundealter, aber immer noch verspielt wie ein Kind.
*Grimaldi* ist kein scharfsinniger Hunde-Detektiv wie *Rex,* hat auch nicht den Spürsinn von *Lassie,* der berühmten Filmhündin aus „Lassie, komm zurück". Es ist schon vorgekommen, daß er einen Hydranten verbellt hat. Ein Hirtenhund hat eben andere Gene. Am glücklichsten ist er immer, wenn alle beisammen

sind, und stupst jeden mit der Schnauze, der zurückbleibt. Nie würde er allein wegrennen.
Ich bin mit *Grimaldi* und *Laika* am Flußufer des Kamp, fast hundert Meter vom Bahngeleise, wo nur gelegentlich ein Zug vorbeikommt – glaub' ich jedenfalls.
Hunde riechen bis zu 700mal besser als Menschen, überhaupt am Flußufer im Frühling. Also leine ich die Hunde für ein paar Minuten los, damit sie im Gras besser schnofeln können. Aber plötzlich zerreißt das Bild.
Entweder hat *Laika,* der Naturhund, in großer Entfernung einen kleinen Hund oder eine Katze gesehen – oder sie will auch nur spielen. Jedenfalls rennt sie plötzlich wie verrückt los. Und *Grimaldi,* der *Laika* sehr mag, hetzt sofort hinter seiner Freundin her – Richtung Bahndamm.
Nie mehr wieder werde ich eine Mutter hysterisch finden, wenn ihr dreijähriger Knirps abenteuerlustig über die Straße losmarschiert.
Aber nie mehr wieder werde ich *Laika* und *Grimaldi* loslassen.
Ich renne und rufe, so laut ich kann, aber erfolglos. Ein Pfiff, ein Fauchen und Donnern, und schon braust der Zug heran.
Ich verfluche mich und alle Züge, leiste *Grimaldi* und *Laika* millionenfach Abbitte, renne und brülle.
*Laika,* der Naturhund, wittert die Gefahr, bleibt von den Schienen weg. Aber *Grimaldi,* in plötzlicher Panik, wuselt neben den Geleisen her, als wollte er zuerst dem Zug davonrennen, ihn dann überholen, verfängt sich mit seinen langen Haaren, wird mitgeschleift und verschwindet unterm Zug – der endlich kreischend bremst. Ich bin dort, so schnell ich kann.

Mir krampfte es das Herz zusammen. Keinem Hundebesitzer muß ich sagen, was man in solchen Momenten spürt. Und anderen kann man es sowieso nicht erklären.
Lieber Gott, bitte laß *Grimaldi* überleben.
Ich werf' mich vor *Grimaldi* in den Schotter. Der Anprall hat ihn irgendwie herumgerissen. Er ist im heißen Gestänge festgeklemmt, schaut heraus, schaut mich an: verwirrt, verwundet und verzweifelt. Haare vor den Augen, Muttermal auf der Zunge.
Aber er blutet aus dem Mund und weint, und das Weinen wird plötzlich leiser.
Du lieber Himmel, nur keinen Lungenriß! Guter Hund, braver Hund, bester Hund, gleich hab' ich dich heraußen.
So vorsichtig ich kann und so rasch ich kann, befreie ich meinen Hund.
Das erste Wunder: Er lebt.
Das zweite Wunder: Alle Pfoten sind dran.
Das dritte Wunder: Er steht wieder – also auch die Wirbelsäule in Ordnung, keine Lähmungsgefahr.
Das Blut stammt von einem ausgeschlagenen Zahn. Am Rücken ist ein Stück Fell weggerissen. Die Ingenieure vom Porsche-Rennteam, das gerade bei Willi Dungl auf Fitneßtraining ist, zählen später auf 36 Schraubenmuttern der Geleise die Haare von *Grimaldi* ...
Daß er gerettet wurde, ist ein Wunder. Seine Chance war vielleicht 1:1000, aber *Grimaldi* hatte alle Schutzengel.
„In fast allen Fällen", sagt Tierarzt Dr. Lachmayer aus Horn, der sich sofort um *Grimaldi* kümmert, „können wir nach einem Zugunfall nur noch einschläfern."

Der Lokführer müßte „ein Protokoll aufnehmen, weil der Zug ja jetzt Verspätung hat", aber für *Grimaldi* ist Erste Hilfe jetzt viel wichtiger. Ich danke den Triebwagenzugführern Ronald Hofmann und Gerhard Spitaler jun. nachträglich von Herzen. Wenn der eine nicht aus dem Lokfenster geschaut und der andere nicht gebremst hätte . . .

*Grimaldi* bleibt noch drei Tage in der Tierklinik in Horn. Er bekommt Infusionen, Antibiotika und wird dauernd beobachtet – wegen der Gefahr innerer Verletzungen. Aber der Ultraschall zeigt: alles in Ordnung. Ein paar Prellungen kommen noch heraus – wie nach jedem bösen Sturz.

„*Grimaldi* muß Schmerzen haben, aber er zeigt es nicht. Ein tapferer Hund." Die Kinder des Tierarztes haben ihn sehr schnell liebgewonnen, so daß der eigene Hund schon leicht eifersüchtig wird.

Nach drei Tagen kann ich *Grimaldi* abholen. Und ich spür': Er freut sich genauso wie ich.

Um die vielen Nachbehandlungen kümmert sich das Tierarzt-Ehepaar Claudia und Manfred Hochleithner in Strebersdorf – und Nora, meine Frau.

Aber was wird mit den vielen anderen kranken, verletzten, hungrigen oder heimatlosen Hunden, denen oft niemand helfen kann?

Irgendwann in diesen fürchterlichen Sekunden am Bahndamm habe ich mir geschworen: Wenn *Grimaldi* wieder gesund wird, hab' ich die Pflicht, Gutes zu tun – für alle Hunde auf der ganzen Welt.

Nur darum habe ich dieses Buch geschrieben, das wir hoffentlich auch noch übersetzen können. Ich jedenfalls spende den gesamten Reingewinn dem Tierschutz. Ich nehm' davon nicht einen Groschen.

Nicht einmal für die Hundesteuer.

*Was für ein abenteuerliches Hundeleben. Dazu gehören auch Ausflüge mit dem Motorboot.*

*Grimaldi* wurde wieder ganz gesund. Aufrichtigen Dank den Tierärzten in Horn und Strebersdorf.
Und Nora, die schon im „Kaisermühlen Blues" eine Krankenschwester gespielt hatte, wurde für *Grimaldi* zur Florence Nightingale. Mit Salben, Umschlägen und Laser, Tag und Nacht.
Auf den ausgebrochenen Zahn könnte *Grimaldi* eine Art Jacketkrone für Hunde à la Hollywood bekommen – was ihm als Fernsehhund ja auch zusteht.

*Die männlichen Grimaldis waren schon immer Lieblinge der Frauen – bereits seit 900 Jahren.*

Hauttransplantationen am Rücken blieben ihm gottlob erspart – das Fell wächst wieder nach.
Mich hat der Alptraum des Zugunglücks noch lange verfolgt. *Grimaldi* auch.
Nur manchmal schaut er mich an, als wollte er sagen: Warum schreibst und redest du immer noch vom Niki-Lauda-Unfall am Nürburgring und vom Hermann-Maier-Sturzflug in Nagano? Ich hab' im Waldviertel den gleichen Unfall überlebt, wuff.

# Grimaldi und Freunde

## *Lizzy, Dr. Spock, Laika und ein „Fernsehstar“*

*Grimaldi* ist ein Geschenk von Nora. Vielleicht zwar nicht der allerbesten aller Ehefrauen (wie bei Ephraim Kishon), aber ganz sicher auch nicht der allerschlechtesten.
Ursprünglich wollte sie Veterinärmedizin studieren, Tierärztin werden – jetzt fasziniert sie Meeresbiologie. Nora ist, neben vielem anderem, auch Tauchlehrerin geworden: mittendrin in der Hai-Society.
Hunde hatte sie schon immer. Ihr liebster und berühmtester: der Dobermann „Igor von Pfaffenberg“ – wegen seiner geflammt kupierten Ohren *Dr. Spock* genannt – wie der Kapitän aus dem Raumschiff Enterprise.
„Leider“, sagt Nora, „waren seine Ohren schon kupiert, als ich ihn bekam.“
*Spocki* hat einen tollen Stammbaum, über viele Generationen.
Sein Vater: *Ali von Langenhorst.* Berühmter Name, einer der berühmtesten Dobermänner. Seine Mutter: *Athene von Pfaffenberg.* Eine tolle Dynastie mit vielen Auszeichnungen. Es wimmelt von Europachampions, Österreich-Jugendsiegern.
Und auch *Spocki,* ein strebsamer Vorzugsschüler, gewinnt eine Menge Pokale – fast so viele wie Nora beim Tennis. Lohn für ausdauerndes Arbeiten mit dem Hund.
Die „Dobermannpinscher“ sind seit 1870 registriert. Hineingemischt sind Pinscher und Rottweiler – als Cousins. Im Krieg tolle Meldehunde. Können sogar,

*Der Dobermann ist ehrgeizig und lernbegierig, wie Nora rasch herausgefunden hat.*

wie im Film „The Dobermann Gang“, notfalls eine ganze Bank ausrauben.
Zu Hause ist *Spocki* ein Softie: fast ein Schoßhund. Nur mit Katzen- und Dackeltrauma. Als Hundebaby hat ihn vier Monate lang eine Katze provoziert, ist täglich den Zaun entlangspaziert, mit zwei Zentimeter Abstand – gerade so, daß *Spocki* nicht hinbeißen konnte. Das hat er sich ewig gemerkt.
Ein Anruf beim ORF-Kundendienst während der „Freizeichen“-Sendung: „Frau Frey, Ihr Hund hat meinen Dackel in den After gebissen“, erweist sich als übertrieben: Dieser Dobermann schaut schärfer aus, als er ist.
Andererseits: Wer die Schutzhundeprüfung bestanden hat, in Mut und Kampftrieb mit den bestmöglichen Punkten, wer Jugendbester bei der internationalen Rassehundeausstellung war und auch sonst immer vorzüglich abgeschnitten hat – der kann sich nicht von jedem Dackel verarschen lassen, glaubt jedenfalls der Dobermann.
Zu Hause ist er ein Softie: mehr Schoß- als Fürchtehund. Aber bald kommt *Lizzy:* eine Dogge aus dem Tierheim Klosterneuburg, das Nora wegen eines Ziegendramas besucht. „Herzinfarkt der Schwester, drei Ziegen müssen geschlachtet werden, wenn man sie nirgendwo unterbringt.“
Nora hilft vermitteln und entdeckt *Lizzy:* eine zwar reinrassige Tigerdogge mit vier Vorbesitzern, aber gleichzeitig allen Rassefehlern, die eine Tigerdogge nur haben kann: schlingernder Gang, offene Augenlider unten, rosa Schnauze, rosa Krallen, weiße Pfoten. Deshalb wurde sie im Tierschutzhaus deponiert. Nora hat *Lizzy* sofort ins Herz geschlossen und trifft mit dem lieben Gott ein Abkommen: „Wenn ich für

mein Haus – nach eineinhalbjähriger Suche – binnen 24 Stunden einen Mieter finde, komme ich am nächsten Tag wieder, um die Dogge abzuholen. Wenn nicht, bleibt sie im Tierheim."

*Lizzy* hat Glück. Kaum ist Nora zu Hause, läutet das Telefon: Der einzige Interessent, der sich sechs Wochen nicht gemeldet hat, will wirklich den Mietvertrag unterschreiben. Und zwar sofort.

So übersiedelt *Lizzy* von Klosterneuburg nach Mauer. Zum Dobermann-Egoisten, der keinen anderen Hund neben sich duldet.

Aber was geschieht? Die Gartentür springt auf, *Lizzy* spaziert herein, macht sich sofort über *Spockis* Futterschüssel her, legt sich auch gleich in seinen Korb – und *Spocki* steht schweifwedelnd daneben und hat Sternchen in den Augen.

*Lizzy* ist sein „Lebenshund". Als sie einmal in der Steiermark abhaut, verzweifelt *Spocki* nicht, sondern setzt sich auf ihre Fährte und findet sie – nach neun Kilometern! Seine Adrenalinausschüttung: unglaublich. Nachher ist er total erschöpft, völlig fertig – aber glücklich.

Die beiden Hunde sind unzertrennlich. Zerbeißen sogar ihre Schlafkörbe, nur um einander näher zu sein, und schlafen dann löffelartig und friedlich. Nie haben sie gestritten.

Höchstens wegen dem frei fliegenden Papagei, einer Blaustirnamazone, die sich der Dogge gern auf den Rücken setzt, wenn sie durch die Gegend rennt, die der Dobermann aber haßt.

*Lizzy* hat starke Trennungsängste. Sogar auf dem sichersten Platz, den es für Menschen und Tiere gibt – in Willi Dungls Bio-Trainingszentrum in Gars am Kamp.

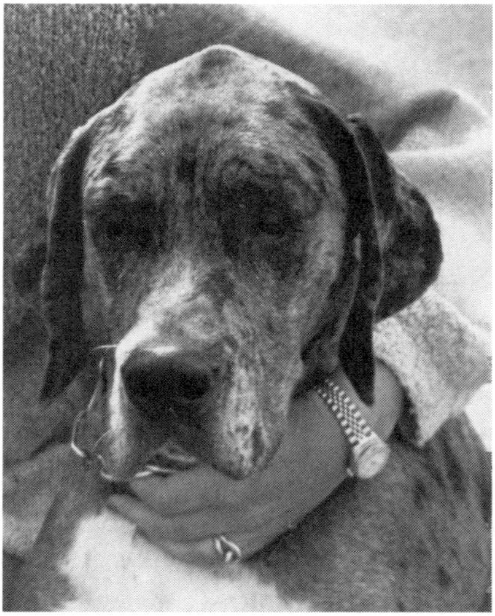

*Trauriges Doggen-Schicksal: Lizzy, mit drei Jahren mögliches Opfer von Tschernobyl.*

Jeder macht seine Therapien. Plötzlich ein gellender Schrei aus dem Solarium. Eine Dame nimmt die Wattebäuschchen aus den Augen und schaut, total erschrocken, bei lila Beleuchtung in die blutunterlaufenen Augen eines riesigen Tierschädels: *Lizzy,* auf der Suche nach Nora, hat die Bräunungsröhren auseinandergedrückt und beschnüffelt die fremde Lady.
Leider wird *Lizzy* nur drei Jahre alt: Leukämie, ein schrecklich aggressiver Verlauf. Die Tierärzte haben einen konkreten Verdacht: Tschernobyl. Denn gerade in den Tagen nach der Atomkatastrophe hat *Lizzy,* als Hundebaby, sehr viel im Boden gewühlt und geschnüffelt.
Unsere Tierärzte verzweifeln. Vor allem Dr. Tibor Kovacsovics in Klosterneuburg, ein ehemaliger ungarischer Weltklasse-Tischtennisspieler mit acht Kindern und zwei Doggen. Und einem Mops, den

ihm eine alte Dame zum Einschläfern gebracht hat, weil ihre Schwester gestorben war.
„Jaja, ich hab' ihn eingeschläfert", hat der Tierdoktor gesagt – und den Mops gleich behalten.
Und er hat – als Geburtshelfer – einmal sogar einen Welpen durch Mund-zu-Mund-Beatmung gerettet.
Für *Lizzy* kann auch Dr. Kovacsovics nichts mehr tun. Ich hole der Dogge noch täglich Fleischlaberln von McDonald's – das einzige, das ihr noch halbwegs schmeckt. Sie stirbt, früh am Morgen, in der Küche praktisch in meinen Armen.
Als Nora dem Tierarzt mit der erlösenden Spritze die Tür öffnet, registriert der Papagei, auf dem Kühlschrank sitzend, alles – und verknüpft Ereignisse miteinander. Seither glaubt er, Nora sei schuld dran gewesen.
Am traurigsten von allen ist *Spocki,* der seine Freundin verloren hat. Er weint im Keller, ist unansprech-

*Verspielt und neugierig: Hundebaby Grimaldi entdeckt die Welt.*

bar, weigert sich tagelang zu fressen. Wenn er nicht bald einen neuen Kameraden bekommt, fürchten wir, geht er ein. Dann kommt *Grimaldi.*

*Grimaldi de Carimai,* wie er mit vollständigem Namen heißt. Aus der Zucht „St. Vallier de Thiey“, die Nora in einer französischen Zeitungsannonce entdeckt hat.

„Er ist ein Berger de Brie. Damit du auch im Winter, wenn keine Formel-I-Rennen stattfinden, Berger schreien kannst . . .“

Aber den Briard muß es schon lang vor der Formel I gegeben haben. 1387: die erste Beschreibung eines französischen Hirten-, Schäfer- oder Bauernhundes. Graf de Foix nennt ihn „Mastin“ – der mit meinem *Grimaldi* aber noch wenig gemeinsam hatte.

1809 befindet der Abt Rozier über den Briard: „Seine Aufgabe ist es, die Schafe gehorsam zu machen, und zwar auch durch seine Stimme, seine Bewegungen und nicht mit Beißen.“ Und: „Es ist nicht seine Schönheit, die ihn beliebt macht, sondern angeborener Gehorsam, Beweglichkeit und Geschicklichkeit.“

1896 beginnt der Briard offiziell als rein gezüchtete Rasse zu existieren – und im „Standard 1925“ lese ich:

„Der Briard muß sich im Ruhestand mit Gelassenheit, aber auch mit Autorität präsentieren . . . Die Gangart muß leichtfüßig und geschmeidig sein, fast so wie bei einer großen Raubkatze . . . Der Briard hat trotz seines dichten Fells mühelos sehr lebhafte Bewegungen zu vollbringen . . . oft fühlt er sich an der Leine bestraft und macht einen erbarmungswür-

digen Eindruck ... Sein Blick ist frei, direkt, fragend, voll Vertrauen.“
Aber ein Briard hat noch viele bemerkenswerte Eigenschaften. Vor allem die Afterkrallen, auch Wolfskrallen genannt – zusätzliche Zehen mit Krallen an den Hintermittelfüßen.
Daran entzündeten sich schon Glaubensstreitigkeiten. Unwissende Tierärzte haben sogar schon Afterkrallen wegoperiert. Und noch etwas, das nur der Briard tut: Er steigt dir andauernd auf die Füße.
Das angeborene „Foul“ eines Hirtenhundes, aber wer zeigt einem Grimaldi schon die gelbe Karte?
*Grimaldi* – anfangs ein sehr goscherter Name für das Hundebaby, das wir im Juli 1990 aus Südfrankreich, aus der Nähe von Grasse, abholen. Das mächtige, seit 900 Jahren regierende Fürstengeschlecht an der Côte d'Azur – und die kleine Handvoll von Hund?
Aber er ist, wie man nur auf englisch sagen kann, sehr rasch „living up to his reputation“. Natürlich fliegt er im Körbchen Business Class nach Wien, wird in Schwechat korrekt verzollt und zieht in Mauer ein, liebevoll beschnüffelt von *Dr. Spock.*
Es gibt nie interne Kämpfe, wer die Nummer 1 ist. Als der ungarische Fußballstar Ferenc Puskas zu Real Madrid übersiedelte, wo schon Alfredo di Stefano der große, uneingeschränkte Star war, forderte er gar keine Machtkämpfe heraus, sondern stellte sich beim Hinauslaufen immer demonstrativ als letzter an, um keinen Stolz zu verletzen. Und keine Eifersucht zu wecken.
*Grimaldi* macht es genauso, entwickelt aber sehr bald eigenen, starken Willen. Auf einer Hotel-Seeterrasse in Kärnten: Der Welpe wird unruhig, also trag'

ich ihn hinaus auf die Wiese – er aber haxelt trotzig zurück auf die Terrasse und verrichtet dort sein Geschäft.
Tolpatschig sind seine ersten Versuche, ein Haxl zu heben – sie enden meist wie abgebrochene Stehversuche von Sprintern auf der Radrennbahn.
An der Leine kann er anfangs sowieso nicht. Aber das ist sogar schon einem Ski-Olympiasieger passiert: Mario Reiter, der 1998 in Nagano – trotz sehr viel Bier und Mineralwasser – die Dopingkontrollore bis zum nächsten Morgen warten ließ . . .
*Grimaldi* ist treuherzig, kinderliebend, immer hungrig, etwas schreckhaft, vor allem bei Blitz und Donner und besonders bei der Knallerei in der Silvesternacht, unaufdringlich, manchmal eigenwillig, ein bißchen stur, für einen großen Hund außergewöhnlich fröhlich – er kann sich heute noch, mit allen vieren hochspringend, freuen wie ein kleines Kind.
Oder, wie unsere Hausgäste aus Ex-Jugoslawien verglichen: „*Spock* ist Mensch, *Grimaldi* ist Hund."
Auf der Straße hört *Grimaldi* meist die Begrüßungsworte: „Bist du aber ein Schöner", manchmal: „Tut er eh nix?" bis zu: „Darf ich ihn auch streicheln?" Letzteres meist von Kindern, die mit Tieren aufwachsen. Und aus denen vermutlich später keine Erwachsenen werden, die ihren Pudel, sobald die Silhouette eines größeren Hundes am Horizont auftaucht, bereits in Panik senkrecht an der Leine hochreißen.
So ein großer Hund, wird Nora einmal freundlich geraten, braucht halt viel Auslauf. „Ja, glauben Sie denn", reagiert Nora leidenschaftlich, „ich bin eine Pudeltante?"
1994 kommt eine ORF-Reform, und plötzlich gibt es im Radio keine Hauptabteilung Sport mehr. Ich

nehm' *Grimaldi* spät am Abend in mein Büro im Funkhaus mit.
„*Grimaldi,* das ist Ö 3. Was sagst du dazu, daß wir jetzt keine Sportsendung mehr haben?"
Er schaut mich mitfühlend an, dann trottet er stumm zum ersten Zimmerbaum und hebt – *sein* stiller Protest – das Haxl. Ich kann ihn gerade noch einbremsen.
*Grimaldi* schaut etwas verwirrt: Also haben wir jetzt weiter Sport und Musik auf Ö 3 oder nicht?
Irgendwann in den 90ern beginnt dafür *Grimaldis* Fernsehkarriere. Im ORF läuft der Film „Olympiade der Tiere". Die Brüder Calamari (Tintenfische) gewinnen im Viererbob. Im Stabhochspringen liegt die Latte auf 98 Meter 50. Und zwei Känguruhs, hoch aufgerichtet, stehen einander im Boxring gegenüber.
Der farbige amerikanische Wunderläufer Jesse Owens – vierfacher Olympiasieger 1936 in Berlin, dem Adolf Hitler nicht die Hand gab – hat mir einmal erzählt: „Nach meiner Amateurkarriere bin ich auch gegen Pferde um die Wette gerannt: mit 36 km/h Schnitt."
So wie Paul Anderson, der Gewichtheber-Olympiasieger, später im Zirkus ganze Autos hochgestemmt hat.
München 1972. Im ORF-Olympiastudio hab' ich einen ganz berühmten Gast zum Interview: Johnny Weissmüller, Olympiasieger im Schwimmen 1924 und 1928. Aber vor allem: der legendärste „Tarzan"-Darsteller aller Zeiten.
Ich freu' mich unheimlich, daß er da ist.
Es ist die Premiere der „Bluebox" im ORF-Sport. Hinter dem Interview: eine blaue Wand, auf der man

absolut nichts sehen kann. Aber für die TV-Zuschauer wird das Bild dort hineinprojiziert.
Zuständig für die Zauberei: unser Regisseur-Genie Lucky Schmidtleitner.
„Geh, frag den Johnny Weissmüller, ob er nicht noch einmal seinen berühmten Tarzanschrei loslassen kann, du weißt schon, exklusiv für ORF. Nur noch ein einziges Mal.“
Ich frage, und er kann wirklich.
In der Bluebox schwingt der Tarzan von Liane zu Liane. Und im Studio formt Johnny Weissmüller, echt und wahrhaftig, die Hände zum Schalltrichter und brüllt nach seiner Jane.
Ich Tarzan, du ORF.
Johnny Weissmüller live: Ein Erlebnis wie Charlton Heston in Turnschuhen in Los Angeles 1984, als er sich bescheiden zur Olympia-Eröffnungsfeier angestellt hat: „Ben Hur“ im Colosseum.
Johnny Weissmüller blieb mir als freundlicher älterer Herr in Erinnerung. 1972 war er noch Prominentenvertreter für Kinder-Swimmingpools. Sein großes Anliegen war: Alle Kinder müssen frühzeitig schwimmen lernen – kein Kind darf mehr ertrinken.
Für die Sportgeschichte: Weissmüller war der erste, der 100 Meter unter einer Minute schwamm. Don Schollander, der „weiße Hai“, erst 1964 der erste mit 200 Meter unter zwei Minuten. Heute steht der 100-Meter-Weltrekord, aufgestellt von Alexander Popow 1994 in Monte Carlo, auf 48,24 Sekunden . . .
„Olympiade der Tiere“ also. Ich soll für die ORF-Nachlese einen Fernsehspot machen. Textbeginn etwa so: „Wissen Sie, als Sportreporter kommt man in der ganzen Welt herum . . .“

Ich ruf' sofort an: Sollten wir für einen Tierspot nicht lieber echte Tiere nehmen?
„Na klar. Haben S' welche?"
Also packe ich *Grimaldi* ein und fahre mit ihm zum ORF-Zentrum am Küniglberg. Ganz oben, am Dach, ist alles aufgebaut: Antenne als Background, Sessel für mich, Wasserschüssel für *Grimaldi.* Er schlempert während der ganzen Aufnahme, aber wirft keine Kamera um. Die Crew applaudiert ihm.
Vom Kleindarsteller zum TV-Liebling: Nora macht später mit ihm auch noch einen Werbespot für Kaffee, in dem er sagt: „Mein Frauerl ist nur dann ruhig, wenn sie Nescafé trinkt."
Es gibt keine Stars beim Fernsehen, hat Jackie Stewart, als ABC-Rennkommentator jahrelang der Liebling der amerikanischen Race-Fans, sofort erkannt: „Star beim Fernsehen ist immer die Technik."
Ausgenommen *Grimaldi.* Er hat das typische Fernsehsyndrom: Einmal im TV, und schon ein Star.
Zum Küniglberg ist er noch auf den Hintersitzen liegend gekommen. Bei der Ausfahrt steht er schon hoch aufgerichtet, beinahe winkt er noch lässig dem freundlichen Portier.
Zu Hause angekommen, beachtet er den zweiten Hund kaum, knurrt ihn nur ganz kurz an: Wieso will der Kerl kein Autogramm?
Ein paar Jahre vergehen. Kein „Oscar" für *Grimaldi,* keine „Romy", kein Fernseh-Engagement. Dann übernimmt Nora die tägliche TV-Talkshow „Treffpunkt Wien", die sie enorm belebt.
„Was hältst du von *Grimaldi* als Studiohund?"
Superidee, auch von den Tierärzten gebilligt. Bis er einem Studiogast live auf Sendung ein Schnitzel wegfrißt.

Publikum und Redaktion lieben ihn. Aber Lampenfieber hat er immer noch. Wenn um 16 Uhr der Studiolautsprecher ertönt: „Treffpunkt Wien mit Nora Frey!“, ist mein Hund nicht mehr zu halten, stürmt, ein rotes Westernhalstuch um den Hals, die Treppe hinunter auf die Bühne und genießt schweifwedelnd den Applaus. Gerade, daß er sich nicht verbeugt.
An meine Formel-I-Ausflüge hat er sich – selber jemand vom ORF – relativ gewöhnt. Wenn ich jeden zweiten Donnerstag den Computer, Tonbandgerät und eine Tasche packe, weiß *Grimaldi* genau: Aha, schon wieder Grand Prix, jetzt fährt er wieder zum Onkel Bernie, zum Berger oder jetzt zum Wurz.
Freitag Training, Samstag Qualifying, Sonntag Rennen, Montag ist er wieder zurück und riecht nach Rennbenzin aus den Boxen.
Aber wehe, *Grimaldi* sieht, wie ich drei, vier Taschen packe. Da ahnt er Schreckliches: eine längere Woche im Skiweltcup oder, noch grauslicher, Ski-WM oder gar Olympische Winterspiele.
Da hat er sich wohl mit Nora abgesprochen, die – ein einziges Mal – resolut sein wollte: „Formel I seh' ich ein, das hast du gern, das sind deine Freunde. Aber Skirennen muß nicht sein, und Fußball darf nicht sein.“
Ihr Pech: daß damals, 1994, gerade die Austria Salzburg ins Europacupfinale gestürmt ist. Und 1998 war Fußball-WM.
*Grimaldi* protestiert gegen Ski und Olympiade leiser. Er legt sich direkt vor die Haustür, blockiert meine Abreise. Mit jedem Mal, wo ich über ihn drübersteigen muß, um noch eine Tasche zu schleppen, wird er noch höher – aufgerichtet wie ein Kamel.
Meist bring' ich's dann gar nicht mehr übers Herz,

noch ein viertes Mal über den armen Kerl drüberzuturnen, und lass' den Skisack zu Hause im Keller: der einzige Skireporter, der ohne Skier zu Olympischen Winterspielen fliegt.
Und wer ist der erste Skitrainer, der mir in Nagano über den Weg läuft? Der italienische Betreuer der chilenischen Rennläufer – Fausto Grimaldi.
*Spocki* und *Grimaldi* verstehen einander wie zwei Brüder. Aber der Dobermann ist sensibler und anfälliger – bis zu Prostataentzündung und Verkühlungen an der Wirbelsäule – ich spendiere ihm einen Armani-Pullover. Aber er quietscht vor Schmerzen, wenn man ihn nur ins Auto hebt.
Dobermänner werden nie sehr alt. Aber als wir schon traurig neben *Spocki* sitzen, seinen Tod herannahen sehen, springt er urplötzlich auf, saust die Stiegen runter und verbellt draußen im Garten einen Dackel. Dann fällt er um, und wir müssen ihn wieder ins Haus tragen.
Danach lebt er noch ein ganzes, geschenktes Jahr. Dank der Tierärzte Claudia und Manfred Hochleithner, die die rettende Idee haben, ihm Östrogene zu verschreiben – weibliche Geschlechtshormone. Der Alpha-Hund wird dadurch etwas tuntig, leicht beleidigt, aber gesünder.
*Spockis* Männlichkeit schrumpft, regt sich aber sofort wieder, als *Laika* da ist.
*Laika,* eine Malamut-Hündin, kommt gemeinsam mit ihrem Bruder *Bär* aus Rumänien: eigentlich auf Todesfahrt nach Österreich. Der Fernfahrer hat ein paar Malamut-Welpen, irrtümlich für Huskys gehalten, gut verkauft, aber diese zwei sind ihm übriggeblieben.
Mit elf Monaten waren sie schon zu alt, um sie noch

als Welpen anzubringen. Also sollen sie erschossen werden.
Zum Glück trifft Nora im Lift des Pressehauses die „Krone"-Tierretterin Edith Klinger, die ihr fassungslos vom drohenden Malamuten-Schicksal berichtet. Zufällig hat Noras extrem sportlicher Sohn Philip gerade Geburtstag, plant Skitouren in den Bergen und wünscht sich einen „sportlichen Begleiter" mit vier Pfoten. Also fragt er: „Wißt ihr jemanden, der Skihunde hat?"
Hier sind sie: *Laika* – wie die berühmte sowjetische Weltraumhündin, 1957 als erstes Lebewesen ins All geschossen – und ihr Bruder *Bär.* Vorm Erschießungstod gerettet, aber wild und freiheitsliebend.
In ihren Genen steckt das Jagdfieber auf Elche in Vollmondnächten, weil sie dann die Elche besser ausmachen können. In ihrer ersten Wiener Vollmondnacht verwechseln sie *Spocki* prompt mit einem Elch – aber wir kommen gerade noch zurecht.
In den Malamuten-Adern fließt Wolfsblut. *Bär,* der zu wild ist, bekommt dank Edith Klinger eine neue Adresse. Aber *Laika* hat eine wilde Sturm-und-Drang-Zeit bei unserem Philip.
„Sie stellt sich schlafend, wenn ich fortgehe. Ich hab' das genau beobachtet, kaum bin ich draußen, reißt sie Matratzen auf, zieht Vorhänge herunter, zerbeißt Gläser, zerfetzt die Couch – und im Auto braucht sie für eine Sitzbank und vier Gurten bloß zehn Minuten."
Wenn ihr Freiheitsdrang einsetzt, ist *Laika* nicht zu bremsen. Dann findet man sie, oft Kilometer entfernt, vor einem Hasenstall, an der Autobahn oder in den Nußdorfer Weinbergen seelenruhig beim Heurigen.
Wenn sich *Laika* für ein Mausloch interessiert, macht sie plötzlich so komisch hüpfende Bewegun-

gen wie eine Gazelle. Das sieht immer aus, wie wenn ein Boxer plötzlich Baryschnikow imitiert und Ballett tanzt. Aber von oben stürzt sie sich dann wie ein Kamikaze aufs Mausloch.
Am liebsten bei den Ziegelteichen südlich von Wien. Danach zeigt sie triumphierend ihre Beute.
Einmal kommt Nora gerade zurecht und rettet eine Maus. Die sie natürlich heimnimmt, liebevoll und mühsam aufpäppelt.
Pech, daß sie gerade dann zu unserer Freundin Annegret nach Kärnten muß. Weil Sommer ist, natürlich mit dem Motorrad. Aber die Maus kann man nicht den Barbaren zu Hause überlassen.
Also wird beratschlagt, probiert, und dann bettet Nora die Maus, in Tennissocken verpackt, in ihren Overall – geschützt vor Lärm und Vibrationen. Mit Spezialfutter und vielen guten Tips vom Tierarzt.
Die ersten Nachrichten von der Strecke klingen noch ermutigend: Nora fährt mit geringer Drehzahl und runder Kurventechnik. Aber dann, nach zehn Tagen, der befürchtete traurige Anruf: Die Maus ist tot. Der vom Tierarzt gefürchtete Durchfall war eingetreten. Aber den Semmering hat sie wenigstens noch gesehen und ein Stückl vom Millstätter See.
*Laika* dagegen hat kein Talent zum Faulenzen: ein Natur- und Arbeitshund, der in den Genen hat, täglich 30 Kilometer zu rennen oder schwer zu arbeiten. Wenn nötig, auch *indoor.*
Einmal lassen wir *Laika, Grimaldi* und *Dr. Spock* für zwei, drei Stunden allein zu Hause. Als wir zurückkommen, ist das Wohnzimmer neu eingerichtet: Tisch und Fauteuils verschoben, die Couch gar umgedreht, mit der Lehne zum Fernseher.
„Wer war denn das?“ fragt Nora streng in die Runde,

*Viererbande: Nora mit Laika, Grimaldi und Dr. Spock. Kamerascheu ist niemand.*

worauf alle drei, Kopf gesenkt, merkwürdig rasch und doch verschiedenartig aus dem Zimmer schleichen. Ich verbeiße mühsam das Lachen, aber da spricht Nora schon ihr Verdikt: „*Laika* Rädelsführer, *Grimaldi* Mitwisser und Mittäter."
Und dein Hund?
„Der hat nur zugeschaut . . ."
Starke Leistung von Philip, wie er diesen Natur- und Abenteuerhund gebändigt hat. Bald ist sie auch ganz friedlich mit *Spock* und *Grimaldi.*
Mit *Spock* geht überhaupt eine auffallende Wandlung vor sich: Sein ganzer Körper strafft sich, er wird wieder männlicher und sportlicher wie ein älterer Herr, der jungen Damen imponieren will. Plötzlich springt er wieder synchron mit *Laika* und *Grimaldi,* zu dritt nebeneinander, auf die Ladeflä-

che des Jeep. Vor Vollmondnächten hat er auch keine Angst mehr.
Das Ende kommt, wie so oft bei Hunden, leider ganz schnell. Eines Tages beschließt *Spock:* Ich habe lange genug gelebt. Legt sich – mitten in einer Redaktionskonferenz von „Treffpunkt Wien“ – neben Nora auf den Teppich und dämmert sanft hinüber.
*Laika* stupst ihm, als er von Philip aus dem Haus getragen wird, liebevoll den kraftlosen Kopf immer wieder hoch, als wollte sie bitten: „Bleib am Leben!“
*Spocki,* der Dobermann mit dem tollen adeligen Stammbaum, ist ohne zu klagen mit viel Würde und Anstand von uns gegangen. Ein edler Herr.
Drei Monate später gerät *Grimaldi* unter den Zug, worüber *Laika* völlig schockiert ist. Aber danach blüht auch zwischen diesen zwei Hunden unverhoffte Romantik:
Der Briard verliebt sich im stattlichen Hundealter von acht Jahren in die Malamutin, entwickelt nie gesehene Zärtlichkeit und leidet, ein bissl tolpatschig, oft unter Liebeskummer . . .

# Pico statt Rex

## *Tobias Moretti über seinen eigenen Hund*

„Kommissar Rex“, der Schäferhund aus der weltweit populären TV-Serie, ist der erste Hund seit „Lassie“, der Liebesbriefe bekommt. Sein Herr natürlich ebenfalls.

Aber es gibt auch eine echte Story, für die kein Drehbuch geschrieben werden muß: die Freundschaft zwischen Tobias Moretti und seinem *Pico*.

*Pico* ist eine Mischung von Wolf und Schäfer. Kommt aus Südtirol, aus den Dolomiten. Ein Nachbarbauer von Moretti hat den Wurf, Tobias sieht *Pico*. „Ich hätte ihn damals eigentlich gar nicht brauchen können – aber irgendwie hat's gefunkt.“

Der Moment? *Pico* steht mit allen vier Pfoten in der Milch, suhlt sich drin, als ein strammes deutsches Ehepaar dazukommt. Sagt die Dame: „Wir nehmen ihn, Fritz“ – und die erste Liebestat ist sofort, daß sie eine Maßnahme ergreift: „Gehst du sofort raus aus der Milch!“ herrscht sie den kleinen *Pico* an.

Da denkt Moretti: „Um Gottes willen. Besser nicht geboren sein, als bei solchen Hundehaltern ein Leben fristen müssen!“ Darum hat er ihn selber genommen. „Und so ist zwischen uns eine wirklich tolle Freundschaft entstanden.“

*Pico* war für Tobias Moretti schon immer „ein wahnsinnig toller Hund. Ich habe ihn ganz verspielt kennengelernt, dann großgezogen, immer und überall mitgenommen.“

Die richtige Erziehung? „Ihn bis zum sechsten, achten Monat immer spielen lassen, ohne ihm irgend-

welche Zwänge aufzuerlegen in disziplinarischer Form – Lernzwang war da keiner. Aber dann hab' ich ganz konsequent mit ihm gearbeitet."
Der Zeitpunkt war gut. Moretti, der damals gerade in München beim Theater arbeitete, hatte sich einen Fuß gebrochen. Der Hund half ihm bei der Rehabilitation. „Da mußte ich viel spazierengehen. Also hab' ich immer mit *Pico* gearbeitet, sehr konsequent gearbeitet. Und das hat dermaßen gut funktioniert – weil er einfach so gescheit war, daß er mit mir sogar zur Lawinenstaffel gegangen ist."
Moretti war damals in Südtirol bei der Bergrettung. „Für uns beide hochinteressant. Wir haben sehr viel gemeinsam gemacht. Und es hat sich auch ergeben, daß bei ihm der natürliche Instinkt bewahrt blieb."
*Pico* war der kräftigste vom Wurf, dadurch so souverän, freundlich und liebenswert. Auch den anderen Hunden gegenüber."
„Zum Beispiel: Wenn sich zwei Rüden gegenüberstanden, hat nie er angefangen. Aber wenn er gerauft hat, dann war er der Stärkere."
Was Moretti am meisten fasziniert: Wie *Pico* ein Baby gerettet hat.
„Ein Freund und eine Freundin von mir waren spazieren, hatten den Kinderwagen abschüssig hingestellt, aber die Bremsen nicht richtig angezogen. Der Kinderwagen beginnt zu rollen . . ."
Der Alptraum für alle Eltern dieser Welt. Die Naturversion des die Stiegen hinunterrollenden Kinderwagens, schon um 1920 in einem Eisenstein-Film und später nochmals durchzittert in der Central Station von New York: in „Once upon a Time in America" mit Robert de Niro.
Moretti – als Augenzeuge – versteht „bis heute nicht,

wie so etwas passiert. *Pico* ist vorgespurtet, volle Kanone, holt den Kinderwagen ein, macht einen Bogen und stellt sich direkt vor den Kinderwagen hin – der prallt ihm gegen den Kopf, dann bleibt er stehen. Tags darauf hat *Pico* eine Riesenbeule – bis heute noch. Aber er hat es einfach gespannt, daß das Baby in höchster Gefahr herunterrollt. Es ist so unglaublich – der hat das Kind gerettet."
Was andere fürs Kino drehen, was bei „Kommissar Rex" vielleicht gestellt wird, weil es ja nie passiert, glaubt man – das hat der Hund getan.
„Und das haben wir auch verwendet beim ‚Rex'. Denn anfangs, als die Filmleute auf mich zugekommen sind, wußten sie überhaupt nicht: Wie realisieren wir das? Sie hatten zwar eine Hundegeschichte, eine Dramaturgie, aber nicht gewußt, welcher Hund, welches Verhältnis das sein sollte – da hab' ich einfach viel einbringen können. Und viel von meinem Verhältnis zu *Pico* hereingenommen. Die Kinderwagen-Szene haben wir auch einmal verbraten – aber ganz anders."
Der natürliche Instinkt ist es, der fasziniert. „Denn wenn ein Hund durch eine disziplinäre Erziehung gebrochen wird, geht etwas kaputt. Der kann dir nur noch militärisch folgen, aber nicht mehr reagieren."
Moretti arbeitete mit *Pico* oft auch beim Hirten. „Der kann sogar Schafe treiben. Unglaublich, was er alles kann. Einfach toll, was man mit einem Hund alles arbeiten kann!"
Als Moretti von Südtirol nach Wien übersiedelt, passiert etwas ganz Ungewöhnliches: „*Pico* war plötzlich ganz betrübt. Wahrscheinlich hatte er Heimweh – und eines Tages war er weg!"
Der Grund? Tobias hatte sich um den Hund nicht ge-

kümmert. „Es war zwar immer jemand bei ihm – nur halt das Herrl nicht. Und dann ist er über Nacht spurlos verschwunden.“

Eine ganze Woche lang ist Moretti traurig: *Pico* nirgendwo aufzutreiben. Dann steht in einer Zeitung ein kleiner Artikel: „Morettis Hund entlaufen.“ Was dem Schauspieler auch noch Schwierigkeiten bei seiner Filmfirma einbrockt:

„Jetzt heißt es, der Moretti paßt auf seinen Hund nicht auf, das ist schlecht für unser Image.“

Darauf weiß der Star schon eine Antwort: „Freunde, jetzt ist Schluß! Es geht um meinen Hund. Weil irgendwann ist mir das Image dann Wurscht – ich muß den Hund wiederhaben!“

Im Endeffekt war's so: *Pico* hatte Heimweh – und ging einfach schnurstracks Richtung Westen auf und davon.

„Das ist alles nicht mehr erklärbar. Gefunden haben wir ihn in Amstetten, von Wien immerhin fast 150 Kilometer, in Autobahnnähe.“ Eine Frau hatte zufällig in der Zeitung gelesen, daß Morettis Hund abgängig war, und sofort reagiert. Die Burgtheaterversion von „Lassie, komm zurück“.

Und das Wiedersehen? Kein Hochspringen, kein freudiges Schwanzwedeln. „Das war eher kühl“, erinnert sich Moretti.

Wenn Tobias beruflich lang weg war und endlich wieder heimkommt, möchte man meinen: Der Hund springt vor Freude. „Ganz im Gegenteil: Er ist eher beleidigt. Das dauert dann immer zwei, drei Tage, bis er wieder herb-herzig wird.“

Wenn er *Pico* zurücklassen muß, dann ist Moretti nicht immer am Burgtheater. Manchmal auch beim Autorennen.

Im Sommer 1998 trainiert Hobbyrennfahrer Moretti am A-1-Ring für den Porsche-Cup, als ihm ein ungewöhnliches Boxensignal hinausgehalten wird: „Die Geburt hat begonnen."
Tobias bremst sofort, flitzt ins Krankenhaus und kommt gerade zurecht, wie ihm seine Frau Julia die kleine Antonia schenkt.
Alle wohlauf, alle überglücklich, sogar der Hund. „Ich hab' gefürchtet, *Pico* könnte ein bißchen eifersüchtig werden – aber keine Spur!"
Moretti stimmt nur traurig, daß er die letzten Jahre mit *Pico* nicht mehr arbeiten kann. „Jetzt hab' ich ihm einfach den Lebensabend geschenkt – obwohl man mit Hunden immer weiterarbeiten sollte. Sie sind schlau, verspielt – dann tanzen sie dir auf dem Kopf herum."
*Pico* war immer bei seinem Herrl Moretti: „Immer bei mir, immer in Freiheit, hat nie eine Leine gehabt. Auch hab' ich mit ihm nie geschrien, sondern immer nur normal gesprochen, auch kaum schärfer – bis später, als er nichts mehr hörte. Jetzt muß ich klatschen. Weil keine Konversation mehr da ist."
Wenn *Pico* stirbt, weiß Moretti, hat er eigentlich ein sehr schönes Leben gehabt.
Schon 1997 war es fast soweit! „*Pico* war so krank, daß ich geglaubt hab', ich muß ihn erschießen, bin eigentlich schon den Berg raufgegangen mit der Krachen. Weil ich nicht zuschauen kann, wenn ihn jemand einschläfert – da tut mir das Herz weh. Das muß ich selber machen."
Aber Moretti kann seine Krachen wegstecken.
„Plötzlich erfängt sich *Pico* wieder, mit seinem siebenten Überlebenssinn, plötzlich geht's ihm wieder gut – und das ist jetzt schon ein Jahr her."

Und jetzt hofft Moretti nur, daß *Pico* einmal seelenruhig einschläft. Daß man diese Maßnahme nicht ergreifen muß.“
Hat nicht der Veterinär in Wien vor einem Jahr gesagt: „Tut mir leid, Herr Moretti, aber Ihr Hund wird nur noch drei Wochen leben . . .“? Zum Glück kam es anders: Pico und sein geschenktes 15. Jahr.

„Kommissar Rex“, backstage: Wie funktioniert die so populäre Serie wirklich? Moretti führt uns hinter die Kulissen.
„Es gibt einen Haupthund. Dann einen Bruder von ihm, der macht die Sprünge. Alles andere sind eigentlich nur Reservehunde, mit denen immer einzelne Szenen probiert werden.“
Moretti ist jetzt schon über ein Jahr nicht mehr dabei, glaubt aber, „daß es immer noch derselbe ist: *PJ.* Man muß aber schauen – weil irgendwann sind die Hunde aufgebraucht.“
Die Zucht ist aus Deutschland, der Hund aus Amerika, und diese traumhaft-tolle Thesa Miller, die wirklich herausragend ist, macht das wunderbar.
Nicht nur bei „Kommissar Rex“, sondern auch bei „Schweinchen Babe“.
„Babe 2“ wird gerade in Australien fertiggedreht. Mit insgesamt 75 Schweinen, die alle „Babe“ spielen – wie Produzent und Regisseur verraten. Aber als Dank für ihre Filmarbeit schenken sie ihnen das Leben.
„Kein einziges unserer Schweine wird geschlachtet. Alle gehen sie als Zuchtschweine in Pension!“
Wann immer man von Babe 1 oder 2, Rudi Rüssel oder Rudi Ratlos spricht, fällt mir eine sentimentale Story ein – die leider echt ist.

Am südlichen Stadtrand von Wien lebt unser lieber Freund Norbert. Ein Herr mit atemberaubendem Lebenslauf und schillernder Karriere: Rallyefahrer, Turnierreiter, Tiefseetaucher, Verleger. Seine Frau Gaby leitet Kurse für therapeutisches Reiten, vor allem für Kinder.
Norbert hat viele Freunde, oft Geburtstag, und bekommt dementsprechend viele Geschenke. Einmal sogar ein Schwein, das in ein Spanferkel-Festessen umgesetzt werden soll.
Aber sein Freund Karl Stich, Bauer und Professor, bringt das Schwein quietschlebendig wieder zurück: „Das ist so herzig. Da hat es keiner übers Herz gebracht, es abzustechen."
Glückliche *Adele* – so heißt das Schwein – wird in Norberts und Gabys Haushalt eingegliedert und freundet sich mit dem Wolfsmischling *Micky* an. Die beiden plantschen glückselig monatelang im Hausteich.
Zwei idyllische Jahre. Danach gibt es eines Sonntags unvermutet Schweinsbraten. Norbert plagt ein fürchterlicher Verdacht. Der Bissen bleibt ihm im Hals stecken: Er weint um *Adele.* Seither ist er Vegetarier.

# Wenn Rocky bellt . . .

## *Hunde der Superstars: Stallone bis Newman*

Beim Grand Prix in Monte Carlo mach' ich ein TV-Interview mit Sylvester Stallone, der uns alle mit seinem Formel-I-Film noch gewaltig überraschen wird. Ein exklusives Interview.
„Aber bitte im Schatten“, sagt Stallone, krebsrot im Gesicht von wilden Motorbootjagden im Mittelmeer – ohne Sonnenschutz. „Und nur zwei Minuten.“ Es werden fünf.
Ich frage ihn nach seinen liebsten Filmen: „Immer die ersten Filme jeder Serie, also ‚Rocky eins‘ und ‚Rambo eins‘. Und natürlich das Bergdrama ‚Cliffhanger‘. Spielt in den Rocky Mountains, haben wir aber in Cortina d'Ampezzo gedreht, mitten in den Dolomiten – so nahe an Österreich bin ich noch nie gewesen.“
Und gibt's eine Traumrolle? Den Wunsch, eine ganz bedeutungsvolle Person aus der Geschichte darzustellen?
„Eigentlich nicht. Höchstens Jesus Christ Superstar. Aber diese Rolle würde mir doch keiner glauben . . .“
Sylvester Stallone besteht nicht nur aus Muskeln, sondern auch aus Humor und sehr viel Hirn. Was kaum jemand weiß: Er schreibt für alle seine Filme selber die Drehbücher. Und läßt sich auch für die wildesten, gefährlichsten Szenen nicht doubeln. Wenn er in „Rambo“ im wilden Galopp über die Filmleinwand reitet – das ist schon Sylvester Stallone himself.
Aufgewachsen ist „Sly“ in New York unter Tieren.

*Das Nasenspitzerl abgebissen: Formel-I-Boß Bernie Ecclestone mit seiner Frau Slavijca und Superstar Sylvester Stallone – dessen Hund Rocky heißt.*

Eine Zeitlang hatte er sogar seine eigene Polomannschaft: das abenteuerliche Ballspiel zu Pferd. Bis eine böse Unglücksserie einsetzte: Ein Mannschaftskollege brach sich das Genick, einer wurde an der Schläfe getroffen, ein dritter stürzte vom Pferd –

zwei Tote und ein Gelähmter. Darauf war Schluß mit dem Polospiel.
Heute hat Stallone auf seinem Besitz in Florida einen Tiger, einen Gepard und sieben Hunde. Einer davon ist immer bei ihm. Wie er heißt? Natürlich *Rocky*.

Österreicher in den USA . . . Der Favoritner Polizistensohn Karl Hofer gilt als großer „Trouble-Shooter“ im knallharten New Yorker Hotelbusineß. Und ist mit vielen US-Sportstars befreundet.
Mit Wayne Gretzky, der berühmten Nummer 99 im Eishockey. Mit Jack Nicklaus, dem lebenden Golf-Denkmal. Mit Bob Hope, dem legendären Filmkomiker. Und mit Paul Newman, der mit fast 70 Jahren noch Autorennen fuhr.
Die Teamsituation: Paul Newman und Tom Cruise sind die Besitzer des „Newman Sharp Racing Team“. Bob Sharp ist der Teammanager, sein Sohn Scott bereits viermal im berühmt-berüchtigten 500-Meilen-Rennen von Indianapolis gestartet – einmal hat er sogar schon geführt.
Karl Hofer zieht im Hintergrund alle Fäden. Auch auf dem Golfplatz, wo er besonders gern mit Sean Connery unterwegs ist.
Als sein Junior auf die Welt kommt, hat Hofer sofort den passenden Namen: „Sean – wie 007 Sean Connery.“ Zum fünften Geburtstag bekommt der Bub von der Sharp-Family einen schwarzen Labrador geschenkt. Er wird, ganz „I am from Austria“, auf den Namen *Mozart* getauft.
Nicht „Ein Hund namens Einstein“, sondern „Ein Hund namens Mozart“. Sicher als einziger Vierbeiner der Welt: Austria in the USA.

„Aber du weißt schon“, sagt Karl Hofer zu seinem Junior, „wie *Mozart* mit seinem vollem Namen heißt?“
Worauf ihn der Fünfjährige mit großen Augen anschaut: „Was für eine blöde Frage, Daddy. Natürlich *Mozart Hofer!*“
Über Hofer lernte ich auch den berühmten Filmstar kennen: in einem Hotel in Detroit, beim Frühstück vorm großen Rennen.
„Very pleased to meet you, Mr. Newman“, sagte ich höflich.
Worauf mir der Hollywoodstar locker seine Hand hinstreckte: „I'm Paul.“
Er war, wie er mir gesteht, immer ein Riesenfan von Jochen Rindt – und zufällig hatte ich noch ein Exemplar unserer ins Englische übersetzten Biographie.
Frühstück und Abendessen mit Paul Newman wurden für mich fortan zum fixen Programmpunkt jedes amerikanischen Grand-Prix-Weekends in Detroit.
Newman war cool, was seine Performance im Rennwagen betrifft, er erzählte vor allem aufregende Hollywood-Schnurren, persiflierte seine eigenen Rollen, spielte Filmszenen nach.
Eine blonde Lady, die gerade am Tisch vorbeikam, fiel fast auf die Knie: „Mister Newman, könnten Sie bitte die Sonnenbrillen abnehmen? Nur für einen winzigen Moment, damit ich Ihre himmelblauen Augen sehen kann?“
Newman lehnte charmant, aber bestimmt ab: „Sorry, Madam. Das letzte Mal, als ich meine Sonnenbrillen abnahm, sind mir die Hosen runtergerutscht . . .“
Sein Einnahmen aus dem Verkauf seines Salat-Dressings „Paul's own“ hat Newman längst karitativen Zwecken gestiftet. Seinen Sohn hat er auf tragische

Weise verloren. Seine Tochter reitet. Und er fasziniert uns weiter in seinen Filmen.
Paul Newman hat in Connecticut zwei Labradorhunde, einen braunen und einen schwarzen. Könnten sie reden, würden sie beim Pfötchengeben sagen: „I am ...“

Am Tag, an dem Frank Sinatra starb, war Caterina Valente zur großen „Romy“-Gala des „Kurier“ auf dem Wiener Rosenhügel. Und ihre Freundin Marianne Mendt erinnerte daran, was Sammy Davis jr. einmal über die große Valente gesagt hat: „Sie ist die beste Entertainerin auf der ganzen Welt.“
Die „Valente“ blickt auf eine 62jährige Karriere zurück: als Sängerin, Tänzerin, Film- und Fernsehstar. Atmet Bühnenluft, seit sie ein kleines Mädchen war. Das spüren auch ihre Hunde. Caterina Valente, jahrelang unzertrennlich mit ihrem Dackel *Maxi.* Als er vierjährig stirbt, ist die Künstlerin unsagbar traurig. „Was hältst du davon, wenn wir ihr einen neuen Dackel schenken?“ tuscheln ihre Freunde und Manager vor der nächsten TV-Show. Gute Idee, finden alle. Und prompt springt der großen Entertainerin – vor einem Millionen-Publikum und unter gleißenden Scheinwerfern – der Dackel *Blacky* auf die Schulter. „Es ist“, verrät mir Caterina Valente später, „Liebe auf den ersten Blick! Mein *Blacky* ist der lustigste, komischste Hund, den die Welt je gesehen hat. Ein echter Clown, mit dem ich jederzeit im Zirkus auftreten könnte.“
*Blacky* hat immer neue, verblüffende Ideen. „Er stibitzt Gästen die Taschentücher oder Schlüssel aus dem Hosensack, macht lauter urkomische Dinge und bringt mich immer wieder zum Lachen.“

Und wie gern die Valente lacht, weiß man: Einmal hat man sie, weil sie laut gelacht hat, sogar aus einem Kino rauskomplimentiert – ohne *Blacky* allerdings.

Die Popstars von heute, dauernd „on tour", haben für Hunde wenig Zeit. Aber wenigstens hat eines der Spice-Girls einen Schnauzer.
Rod Stewart hat zwei Dalmatiner, weiße mit schwarzen Punkten, die er heiß liebt – aber natürlich nie auf Tournee mitnehmen kann.
Als er im Wiener Ernst-Happel-Stadion auftritt, besuchen ihn Niki Lauda, Nora und ich in der Garderobe. Der Superstar, schon im roten Sakko, ist bestens aufgelegt, plaudert und plaudert – von Lampenfieber keine Spur.
Bis ihn Lauda fragt: „Was ist, wann fängst endlich an zu singen?"
„*As soon as you take your seat,* Niki – sobald du Platz genommen hast", sagt er höflich.
Kaum sind wir draußen, hören wir schon: „I am sailing . . ."
Charlie Watts, der legendäre Schlagzeuger der „Rolling Stones", hat auf seinem herrschaftlichen Landsitz in England Pferde und Hunde.
Pferde sogar noch mehr als Hunde, gezüchtet, betreut und beritten von seiner französischen Frau Serafina.
Die Pferde, wird berichtet, dürfen sogar ins Wohnzimmer. Wie der Elefant aus der „Inku"-Reklame, der den Teppichboden testet, aber mit dem heimkehrenden Ehemann verwechselt wird: „Schon wieder mit den Schuhen . . ." Und Sting hat sogar einmal einem Hund das Leben gerettet!

Sommer 1997: Sting erholt sich von seinem triumphalen Popkonzert in Lienz (Osttirol) am Wörther See. Im „Schloßhotel Seefels“, eingetragen unter seinem bürgerlichen Namen Gordon Sumner, damit er seine Ruhe hat. So, wie sich fast zur gleichen Zeit Hollywoodstar Michael Douglas als Michael Hogan angemeldet hat.

Sting plantscht also in den Fluten des Wörther Sees, als er am Steg etwas Alarmierendes entdeckt: Ein Dackel zappelt zwischen Badesteg und dem Wasser. *Frizzi,* der Liebling eines Tiroler Ehepaares, ist mit der Leine an einem Schirmständer angehängt, aber dann erspähte er im Wasser offenbar einen Fisch, sprang nach – und baumelt nun hilflos am Halsband.

Sting reagiert sofort, hebt *Frizzi* auf den Steg und rettet ihm das Leben. Seine beste Zugabe, auch ohne Applaus. Ein Tierfreund.

Sting hat zu Hause Meerschweinchen und Hasen – für seine Kinder.

Und Ian Anderson, der mit seiner Gruppe „Jethro Tull“ so traumhaft die Flöte spielt, sogar eine eigene Lachs- und Forellenzucht auf der „Isle of Sky“, seiner eigenen Insel in Nordschottland.

Von dort aus beliefert er „Selfridge“, „Harrods“ usw. mit feinstem, hochqualifiziertem Räucherlachs.

Über Gerhard Berger kenne ich George Harrison. Mit dem Ex-Beatle machte ich einmal eine einstündige Radiosendung zu allen Themen. Eines davon: der Tierschutz.

„Du sollst nie etwas essen, das ein Gesicht hat“, sagte George Harrison – und sicher hat er recht. Fische schwimmen da wahrscheinlich an der Grenze.

Romy Schneider erzählte einmal, wie sie von Brigitte Bardot zu einem Mittagessen in ihrer Villa in St-Tropez eingeladen war – neben einigen anderen Damen: „Eine Bardot-Freundin brachte als Gastgeschenk ein halbes Dutzend Langusten mit. Brigitte war sehr empört, lief mit dem Korb sofort zum Strand und warf die Langusten wieder ins Meer . . . Eine lebte noch."
Mercedes Echerer, die bekannte Schauspielerin, nennt ihre Hunde *Frau Müller* und *Einstein.* Muß einen tollen IQ haben.
Udo Jürgens hatte einmal sein berühmtes Katzenduo. Seine Miezen hießen *Frau Meier* und *Frau Müller,* nicht das einzige Tier mit diesem Namen.

Nahezu alle großen Künstler sind auch große Tierliebhaber. Oder, wie es Josef Meinrad ausdrückte: „Seit ich die Menschen kenne, liebe ich die Tiere."
Heinz Marecek und sein Hirtenhund, Kammersänger Heinz Holecek und sein Rottweiler *Ferdinand,* Waltraut Haas und Erwin Strahl und ihre Pudeldame *Minou,* Marika Rökks Tochter Gaby Jacoby und ihre Setterdame *Martha,* die sie von Korfu mitgebracht hat, der Maler Christian Ludwig Attersee und Boston-Terrier *Elvis,* Krista Stadler und ihr Beagle . . .
Und Susi Nicoletti und ihr Boxer.
Aus einem Wurf der Nicoletti-Boxer hatte auch der spätere Bundeskanzler Dr. Bruno Kreisky seinen ersten Hund, *Titus* hieß er, weil alle Nicoletti-Hundenamen aus Nestroys „Talisman" stammen.
„1959 ist Dr. Kreisky Außenminister geworden, 1965 bin ich zu ihm gekommen – und da hatte er schon den *Titus*", erinnert sich Margit Schmidt, die heute

*Polit-Talk: Bundeskanzler Dr. Bruno Kreisky hatte immer Boxerhunde. Er hat sie nie dressiert, nie vermenschlicht. Weder Titus noch Wastl, Goliath oder Bianca I und II.*

mit rührendem Einsatz das Kreisky-Werk verwaltet, an *Titus:* „Ein sehr lieber, sehr anhänglicher Hund. Und immer todtraurig, wenn sein Herrl verreiste: Da setzte er sich oft in die halbgepackten Koffer. Schlimm für ihn: das Gefühl, daß man ihn zurückgelassen hat."

Darum nahm Kreisky, als *Titus* schon im Hundehimmel war, die Boxer-Nachfolger nur noch paarweise wie in der Arche Noah. „Natürlich immer wieder Boxer. Zuerst den braunen *Wastl* und die weiße *Bianca.* Ein Albino – weil er oft die Schwächeren ausgesucht hat, die normal kein Hundebesitzer genommen hätte."

Die nächste Kreisky-Hundegeneration hieß *Goliath*

und wieder *Bianca*. Und abermals aus einem Wurf in Niederösterreich.
Drehen wir die Zeit zurück. Hier sind die Bilder von seinerzeit.
Kreisky liebt seine Hunde. Geht mit ihnen oft noch spätabends, wenn er vom Ballhausplatz heimkommt, in die Grinzinger Weinberge. Spielt mit ihnen im Garten.
Und was seiner Sekretärin Margit Schmidt besonders sympathisch auffällt: „Er richtet sie nicht extra ab, dressiert sie nicht, versucht überhaupt nicht, sie zu vermenschlichen – wie es oft Hundebesitzer tun. Er spricht oft mit ihnen, aber er läßt ihnen ihr Hundeleben. Und ihren Hundecharakter."
Kreisky und seine Boxer in den Weingärten: Da sind nie irgendwelche Leibwächter dabei. Die Bodyguards kommen erst nach dem OPEC-Überfall.
Mit anderen Politikern oder gar Politikerhunden haben *Titus, Wastl, Goliath* oder *Bianca I* und *II* nie Kontakt. „Das läßt das Protokoll der Staatsbesuche auch gar nicht zu."
Nur einmal gerät der Ballhausplatz in helle Aufregung: Als Johannes Kunz – damals Kreiskys Pressesekretär, später ORF-Fernsehintendant und immer Jazzfan – seinen Rauhaardackel ins Bundeskanzleramt mitbringt, um ihn artig dem Herrn Bundeskanzler vorzustellen.
Der Kunz-Dackel ist so aufgeregt, daß ihn ausgerechnet auf dem teuren bundeskanzlerischen Staatsteppich plötzlich die gewisse Rührung überkommt . . .
Als sich Kreisky nach Mallorca zurückzieht, bleiben seine letzten Hunde in Wien zurück. Aber seine beiden Chauffeure Peter Rubey und Karl Blauensteiner

kümmern sich um *Goliath* und *Bianca.* Da sie beide aus dem Waldviertel stammen, ist zumindest an Wochenenden genug Auslauf garantiert.
Ein Kreisky-Boxer ist sehr alt geworden, dann an gebrochenem Herzen gestorben. Ein anderer (der die meisten Legislaturperioden überdauert hat) lebt sogar noch.
Andere Politikerhaustiere müssen erst noch so berühmt werden wie die Kreisky-Boxer: etwa die Katzen des britischen Premiers Tony Blair. Oder die Katze *Socks,* die US-Präsident Bill Clinton wegen ihrer weißen, sockenartigen Behaarung so getauft hat. Jetzt sieht man Clinton im Fernsehen öfter mit seinem Hund spazieren – an der Leine, natürlich.
Einer von Clintons Amtsvorgängern als amerikanischer Präsident hatte andere Kuscheltiere: Theodore Roosevelt mochte die Bären. „Würde ich auch nur einmal auf ein solches Tier schießen, könnte ich meinen Kindern nie mehr in die Augen schauen."
Kurzform für Theodore war Teddy. So entstand vor hundert Jahren der Name für Millionen Teddy-Bären für Millionen von Kindern.
In Österreich wäre Baumeister Richard Lugner nicht nur mit „First Mausi", sondern auch mit „First Wuff" gern in die Hofburg eingezogen: „Ich habe eine ganz liebe Schäferhündin. Darum heißt sie auch *Venus* – sie ist erst zwei Jahre alt."
Für Staatsbesuche wäre *Venus* eher nicht geeignet: „Sie kann eigentlich nichts. Kommt nur, wenn man sie ruft. Und jagt am liebsten Fliegen und Schmetterlinge."

Rom und die Via Veneto sind ein untrennbarer Begriff. Nichts, das diese prickelnde Alleestraße nicht

schon erlebt hat. Hier bummelte Marcello Mastroianni mit Anita Ekberg im Film „Dolce Vita", feiern italienische Fußballklubs ihre Triumphe, wird Michi Konsel um Autogramme bestürmt.
Und doch – etwas war neu: Ein Hund fällt aus dem sechsten Stock!
*Bingo,* der ägpytische Pharaonenhund von Signora Clara, der Schwester von Italiens heimlichem Staatschef Gianni Agnelli, Mutter von Ira von Fürstenberg, also Großmutter des skifahrenden und singenden Hubertus von Hohenlohe – in zweiter Ehe mit dem Conte Nuvoletti von Mantua verheiratet.
*Bingo* spielt also auf der Terrasse, ist zu neugierig, beugt sich zu weit vor und fällt in der Via Veneto, Hausnummer 183, aus dem sechsten Stock kerzengerade hinunter – durch einen glücklichen Zufall aufs Dach einer Cafeteria.
Was für ein Schreck für die Gäste. Und was für ein Glück für *Bingo:* Er bleibt unverletzt.
Der Kellner nimmt ihn am Halsband, geht zum Lift, drückt den Knopf – und liefert *Bingo* im 6. Stock mit Verbeugung ab: „Signora, il vostro cane. Ihr Hund."
Signora Clara – Agnellis Schwester – hatte im Haus bis zu 20 Hunde. Und jetzt in Mestre bei Venedig sogar aus einem ganzen Haus ein Asyl für Hunde gemacht – für 75 dankbare Hunde.
Der mächtige Agnelli-Clan, dem Fiat, der Fußballchampion Juventus, die Skistation Sestriere etc. gehören – hat Hunde schon immer geliebt.
Gianni Agnelli, das Familienoberhaupt, besitzt acht Huskys, alle aus einer berühmten Zucht – sein schönster Liebling heißt *Died Eyes,* „weil er so komische weiße Augen hat".
Agnelli-Bruder Umberto – der Präsident von Juven-

tus – steht ihm kaum nach: Er hat einen türkischen Schäferhund, genannt *Kelim,* wie der Teppich, zwei schwarze Scottish-Terrier, genannt *Glemmy* und *Aki,* und dazu noch viele andere Hunde, direkt von der Straße.

Aber da ist noch ein Hund mit besonderer Geschichte: der englische Jack Russell namens *Lucy,* der Umbertos Sohn Giovanni gehörte.

Giovanni war von der Familie dazu ausersehen, einst das gigantische Fiat-Erbe anzutreten: hochintelligent, sportlich, immer fröhlich und positiv – der ausersehene Göttersohn. Er starb im Winter 1997/98, und sein letzter Wunsch war es, noch einmal Juventus gegen Manchester United zu sehen. *Lucy* ist Giovannis Erbstück – für seine Eltern.

Eine ungewöhnliche Hundefamilie, zu der auch die zwei herzigen kleinen Yorkshire-Terrier *Punk* und *Witch* zählen – beide gehören Mutter Allegra Agnelli.

Adelige Großfamilie, adelige Hunde – von denen mir Hubertus von Hohenlohe erzählt hat. Sein Vater, Prinz Tassilo von Hohenlohe, hat drei Labradorhunde, zwei weiß, einer schwarz: *Canello, Carioca* und natürlich *Simba.*

# „Ihr Hundskicker!“

## *Zwei Doggen verhindern Millionentransfer*

In den fünfziger Jahren wurde in Wien gelegentlich Hundefußball gespielt. Als Vorprogramm in Simmering, am Wacker-Platz in Meidling und sogar im Stadion, bevor die Herrln in ihren bunten Dressen dann das ganze Spielfeld brauchten.

Die Hundeschaften – statt Mannschaften – waren durch verschiedenfarbige Pullunder gekennzeichnet. Die vierbeinigen *Happel, Ocwirk* oder *Hanappi* stupsten einen Luftballon immer weiter in Richtung Tor. Es gab kein Hands, kein Abseits, keinen Torraub und weder rote noch gelbe Karten. Dafür immer Offensivfußball: immer angreifen, nie verteidigen.

*Unterbrochene Kickerei: ein Rauhaardackel stiehlt den Fußballern von Sportklub und LASK kurz die Show.*

Hauptsache, die Hunde hatten ihren Spaß, und sie entdeckten sich neu als Rudel – mit Teamwork.
Und doch, eines war unfair:
Wenn sich heute in einem Bundesligamatch die Fehlpasses häufen, wenn Torchancen verstolpert, stümperhaft vergeben werden, schimpfen die Menschen auf den Tribünen häufig: „Was für Hundskicker!"
Aber wenn unsere vierbeinigen Freunde beim Hundefußball Pech hatten, wenn ihnen der Luftballon von der Schnauze wegspringt, dann beleidigt sie keiner mit: „Menschenkicker"!
Hätten die Hunde eine Spielergewerkschaft wie die Menschen, würden sie längst dagegen protestieren.
Und müßten auch nicht kommentarlos hinnehmen, daß zur Verherrlichung sportlicher Topleistungen noch nie ein Hund herangezogen wurde, sondern immer nur der Vergleich mit Raubtieren.
So avancierte unser vielgepriesener Supertormann Walter Zeman zwar zum „Tiger von Glasgow" (1:0 gegen Schottland 1950, an Noras Geburtstag) und zum „Panther von Budapest" (1:1 gegen Ungarn 1953), aber Ernst Happel, sein grimmiger Rapid-Freund, bombte ihm einmal im Training aus 30 Meter Entfernung den Ball unhaltbar ins Kreuzeck.
Und spottete dann:
„Was bist du: Der Tiger von Glasgow? Der Panther von Budapest? Nein – du bist der Arsch von Hütteldorf . . ."
Der russische Wundertormann Lew Jaschin – Elfmeterspezialist mit langen Armen – hieß wegen seines schwarzen Pullovers „die Spinne". Der nordirische Wundertormann Harry Gregg, wegen seines grünen Pullovers „Kanari". Wilma Rudolph, die amerikani-

sche Sprintkönigin, war stets die „schwarze Gazelle“, die Eiskunstlauf-Olympiasiegerin Peggy Fleming wenigstens das „scheue Reh“.
Aber wo sind die Bernhardiner, Dobermänner, Schäferhunde des Sports? Man kennt nur wenige.
Als der deutsche Teamchef Berti Vogts – vormals ein verbissener, gefürchteter Außenverteidiger – einmal hämische Bemerkungen über den österreichischen Fußball machte, wies ihn Happel sofort zurecht:
„Hat er vergessen, was er selber für ein Fußballer war? Ein Terrier!“ Auf gut wienerisch: Wadlbeißer.
Vogts hatte beim legendären 3:2 von Cordoba 1978, berühmt durch Hans Krankls zwei Tore und Edi Fingers legendären Brunftschrei „I wer narrisch“ unser erstes Tor geschossen – als Eigentor.
Die österreichischen Fußballer der 78er Generation erinnern sich heute noch: „Wir haben Vogts den Ball zwischen den Beinen durchgespielt, dann gleich noch einmal, er rutschte verzweifelt auf dem Boden herum und brüllte seine Mitspieler an: ‚Mensch, warum hilft mir denn keiner?‘“
Die Menschen-Version von „Such's Balli“, die Wiener Hundebesitzer gerne spielen.
Als Franz Beckenbauer die aktuelle deutsche Nationalelf als schwächer einstuft als das frühere Team, wehrt sich Berti Vogts mit heftiger Kritik an der „Wadlbeißerei“ von „Kaiser Franz“.
„Bild“-Titel nach dem verbalen Duell: „Berti beißt zurück!“

Wir haben in Köln die „Geißböcke“ und in München die „Löwen“ von 1860. Die Tiger und Panther im Tor, bisweilen auch Fliegenfänger. Manchmal körperlich schwache Hendln als Außendecker, aber langhalsige, kopfballstarke Stopper wie Jackie Charlton, den sie „die Giraffe“ nannten.

Im Mittelfeld roboten wieselflinke Arbeitsbienen wie der Schwede Mykland, der in der Mannschaft „Moskito“ heißt, oder der Argentinier Ortega mit Beinamen „Eselchen“.

In Spanien nannten sie den genialen Butragueno „den Geier“, in Südamerika heißt der kampfhungrige Acuna „El Toro“, also „der Stier“.

Bei Milan und im deutschen Team brilliert ein echter Christian Ziege, die Stürmer provozieren mit ihren Schwalben immer noch Elfmeter, und wenn der Rasta-Holländer Franz Rijkaard tobte, spuckte er im Kabinengang wie ein Lama.

Wissen wir alles aus dem Fußball-Deutsch. Aber wo bleiben die Hunde? Höchstens, scharf abgerichtet, als Bewacher, wenn sie die gegnerischen Stürmer „an die Kette“ legen müssen.

Bis endlich der exzentrische Tormannclown José-Luis Chilavert aus Paraguay die Bühne des großen Weltfußballs betrat: Ein Keeper, der aus Freistößen, Elfern und sogar aus dem Spiel schon über 40 Tore schoß. Auf seinem Tormannpullover kläfft, deutlich sichtbar, eine Bulldogge.

Den dynamischen Rasta-Holländer Edgar Davids nennen sie den „Pit-Bull“.

Aber er und Chilavert brauchen keinen Beißkorb, obwohl der Tormann schon mal Gegenspieler verdrosch, den Stürmerstar Asprilla mit einem Faustschlag niederstreckte und einem Platzwart zwei Zähne ausschlug, weil sich der geweigert hatte, für Chilavert die Dusche aufzusperren.

Es war heiß, und der Bulldoggen-Tormann brauchte Wasser. Aber bei der letzten Weltmeisterschaft in

Frankreich wählten viele Fußballexperten Chilavert zum besten Tormann der Endrunde.

Fußball-WM 1958 in Schweden. Der legendäre Ernst Happel seilt sich unmittelbar vor seinem 50. Länderspiel aus dem Mannschaftshotel ab: mit zusammengeknüpften Leintüchern aus dem Fenster. Sein Pech: Der Starreporter Heribert Meisel, der mit einem VW-Käfer gerade die Serpentinen zum Hotel hinaufkriecht, erspäht im Scheinwerferlicht den Ausreißer und verrät die Missetat dem Teamchef Pepi Argauer. Worauf sich Argauer wie ein Wachhund, jedoch mit Hut und hochgeschlagenem Mantelkragen, im Happel-Zimmer auf die Lauer legt. Als Happel im Morgengrauen zurückkommt, bricht ein Donnerwetter los.
„Ich wünsch' dir nur eins", tobt Argauer, „wenn du selber einmal Trainer bist, daß du genau so ein Gfrast als Spieler hast, wie du eines bist!"
Über zehn Jahre vergehen, dann läutet bei Argauer das Telefon. „Hier Happel. Sie hatten recht. Ich hab' jetzt in Holland einen genauso unbequemen Fußballer wie Sie damals mich – Wim van Hanegem."
Ein Superfußballer beim Happel-Klub Feyenoord Rotterdam, Europa- und Weltcupsieger, aber genauso problematisch. Wenn ihm Happel für seinen verletzten Knöchel Wechselbäder verordnet, steigt Hanegem abwechselnd mit dem rechten und linken Fuß ins Wasserschaff . . . und noch viel schlimmere Dinge passieren.
Van Hanegem und seine Frau Truus leben außerhalb von Rotterdam, in Leerdam, auf einem Bauernhof: mit zwei riesenhaften braunen dänischen Doggen, so groß wie Kälber. Dort erreichen ihn Superangebote

aus Italien, aus Spanien und vom französischen Millionenklub Olympique Marseille.
Nun muß man wissen: Van Hanegem haßt nichts mehr als Kofferpacken und Reisen, vor allem hat er Todesangst vorm Fliegen. Aber Ehefrau Truus ist reise- und abenteuerlustig und drängt Wim: Gehen wir doch nach Frankreich. Der Ehemann sträubt sich. Totale Pattstellung: Die Ehe kriselt. Wim sucht verzweifelt nach Ausreden.
„Weißt du was? Wir lassen die Hunde entscheiden. Wenn die beiden fünf Minuten lang still sind, gehen wir nach Marseille. Aber wenn auch nur einer bellt, bleiben wir in Holland."
Van Hanegem muß hinter dem Rücken seiner Frau schreckliche Grimassen geschnitten haben, denn plötzlich fangen beide Doggen an, laut zu bellen. Van Hanegem zuckt die Achseln und sagt mit Unschuldsmiene: „Siehst du, die Hunde haben entschieden. Wir bleiben in Holland. Tut mir leid."
Das erste und einzige Mal, daß Hunde einen Millionentransfer im Weltfußball verhindert haben.
Olympique Marseille wurde später Europacupsieger, van Hanegem Trainer bei Feyenoord, vermutlich mit den gleichen Problemen wie Happel, und betreut heute Alkmaar. Von Truus ist er geschieden. Und die zwei Doggen diskutieren im Hundehimmel über Fußball . . .
Natürlich spielte in Happels großer Feyenoord-Mannschaft damals auch ein Österreicher: Franz Hasil. „Als ich damals von Schalke 04 zu Feyenoord überwechselte, kaufte ich mir von der Gage gleich einmal ein ganzes Rudel Zwergpudel. 8000 Schilling haben sie gekostet", erzählt Hasil, vom argentinischen Ex-Teamchef Bilardo gerade jetzt erst in einer

Hitparade der besten Fußballer aller Zeiten auf den 6. Platz gereiht – für einen Österreicher sensationell.
Hasil lief 90 Minuten wie ein Dynamo. Er konnte schießen, daß die Querlatte wackelte. Auf dem Spielfeld war er kein Pudel, sondern ein Königstiger.
„Und weil meine Zwergpudel englischer Abstammung waren, nannte ich meinen Lieblingshund *Billy*. Aber bei Feyenoord hatten wir alle irgendwelche Hunde."
Im Mittelfeld vor allem: Hasil mit seinem Zwergpudel, Wim Janssen, der spätere Trainer von Celtic Glasgow, mit seinem Collie.
Und Wim van Hanegem, der Dritte im Bunde, ist ja eine eigene Story.
Sehr viele Holländer haben große dänische Doggen, vor allem holländische Fußballer. Barry Hülshoff, der legendärer Stopper aus der großen Mannschaft von Ajax Amsterdam, machte mit ihnen sogar Fernsehwerbung – und sehr viel Geld.
Der Spot: Hülshoff rennt mit seinen beiden Doggen einen Strand entlang, und alle drei machen sie Reklame für Chappy.
Kaum war der Spot zum erstenmal über die holländischen Fernsehschirme geflimmert, hatte Hülshoff schon seinen Spitznamen in der Mannschaft: Er wurde nur noch *Chappy* gerufen.
Bloß der berühmte Johann Crujff, zweimal Vizeweltmeister und später als Spieler und Trainer Superstar in Barcelona, hatte nie Hunde. Seine Frau bettelte oft: Warum haben wir keinen Hund? Aber Crujff blieb eisern: Können wir uns nicht leisten. Hunde sind zu teuer. Fressen zuviel.
Noch geiziger war nur noch Teamtormann Doesburg,

von dem die Mannschaftskollegen erzählen: Der war so sparsam, daß er sich nicht einmal einen Hund gekauft hat.
Statt dessen hat er, um etwaige Einbrecher abzuschrecken, im eigenen Garten jede Nacht selbst gebellt. „Das kommt billiger."
Zur Nachahmung empfohlen? Als ein holländischer TV-Reporter zum erstenmal den grimmigen, wolfsähnlichen Ex-Rapid, Ex-Austria-Libero Trifon Ivanov überträgt, sagt er: Wenn ich dem nachts auf der Straße begegne, kann ich nur hoffen, daß ich den größeren Hund hab' . . ." Auch jetzt in Floridsdorf, seit Ivanov zum FAC übergetreten ist?
Ernst Happel, der Ex-Rapidler, und der blonde Austrianer Ernst Stojaspal waren dicke Freunde. Auch später noch, als beide als „Legionäre" ins Ausland gingen: als der „Wödmasta" zum erfolgreichsten Trainer der Welt avancierte und „Stoissi" in Monte Carlo die „Bar Vienna" eröffnete.
Stojaspal heiratete die kapriziöse Französin Denise, und die hatte einen kapriziösen Hund, auf den sie sehr stolz war.
Bis eines Tages Happel auf Besuch kam und scherzhaft sagte:
„Madame, *votre chien est un bastard* – Madame, Ihr Hund ist ein Bastard."
Madame war tödlich beleidigt. „Und sogar der Stojaspal", erzählte Happel, „hat mit mir kein Wort mehr geredet."
Beim Äußerln haben nicht nur Romanzen begonnen, sondern sind offenbar auch schon Freundschaften zerbrochen.
Happel selber hatte nie Hunde, aber dafür einen Wellensittich. „Der ist mir beim Rasieren immer auf

der Schulter gehockt und hat sich im Spiegel geputzt. Aber eines Tages war das Badezimmerfenster offen – und weg war er."
In solchen Fällen wurde schon oft die Feuerwehr alarmiert – von Happel damals nicht.

Hugo Meisl, der Chef des Wunderteams, hatte seinen Spazierstock, Ernst Happel sein schwarzes Kapperl. Als Hunde-Herrl wurde kein österreichischer Teamchef berühmt.
Nicht Josef Hickersberger, der zu Hause Katzen hat, auch nicht Helmut Senekowitsch, der Mann hinter den Triumphen der „78er". Heute sagt „Seki": „Ich liebe Tiere, aber gerade darum hatte ich, als Fußball-Globetrotter, nie einen Hund. Denn ein Hund leidet, wenn du ihn allein läßt, oft mehr als ein Kind."
Also muß die zweite Generation alles aufholen. Dr. Christian Senekowitsch, einer von Helmuts drei Söhnen, hat einen vornehmen Dackel mit dem klingenden Namen *Pankrazius von Locherhausen.* „Aber eigentlich nennen wir ihn *Pitri.*"

Der grimmige Verteidiger Rudi Röckl – jahrelang Happels Nebenmann im Nationalteam – war ein Hundenarr. Und zu den gegnerischen Stürmern, besonders zu Robert Dienst, immer härter als zu seinem Hund.
Röckl hatte einen wunderschönen Setter, schwarz und langhaarig, den er oft zum Training auf die Hohe Warte mitnahm. Er hieß *Jimmy* und war das Mitbringsel von einem Match gegen Ajax in Amsterdam. Der Fußballer haßte Konditionstraining, vor allem das stupide Rundendrehen, war außerdem stark in seinem Elektrogeschäft engagiert – darum sagte er

oft: „Ich renn' heute nicht mit! Heute rennt für mich mein Hund."
Später, als Sektionsleiter und starker Mann bei der Vienna, nahm Röckl seinen Setter fast täglich mit auf den Fußballplatz. Wäre es ein Schaf gewesen, die Vienna hätte sich glatt den Platzwart erspart – und trotzdem immer einen perfekt gemähten Rasen gehabt.
Röckl in Österreich, Egli Olsen in Norwegen: der jahrelange norwegische Teamchef, wegen seiner einstigen Dribbelkünste „Drillo" gerufen, überzeugter Kommunist und kürzlich zum „Nichtraucher des Jahres" gekürt, hatte immer seinen Hund bei sich, sogar beim Teamtraining.
Ein konservativer Teamchef, der wenig experimentierte. Darum darf auch keiner behaupten: Der Hund hat ihm bei der Mannschaftsaufstellung dreingeredet.
Ob gewonnen oder verloren: Der Olsen-Hund ging nachher auch mit zu Pressekonferenzen, wenn die Reporter über Olsen wegen seiner sturen Taktik herfielen. Aufgefressen hat er noch keinen Journalisten.

Ein Sommertag in Wien, 1992. Nora und ich sind mit Ernst Happel zum Mittagessen beim „Eckel" verabredet. Pünktlichkeit ist bei Happel immer oberstes Gebot. Also biegen wir fünf vor zwölf bei den Sieveringer Marktstandln ein – genau richtig.
Plötzlich rennt ein Hendl laut gackernd über die Straße, ein sicherer Unfallkandidat. Also bremsen, aussteigen, Hendl einfangen – und wir kommen fünf Minuten zu spät.
Happel schaut grinsend auf die Uhr, weil er immer predigt: „Eine Stunde kann man zu spät kommen,

weil immer etwas passieren kann – aber fünf Minuten net.“
Entschuldigung, Ernst, aber wir haben ein Hendl eingefangt. Da lacht auch der „Wödmasta“.
Als Happel ein halbes Jahr später stirbt – genau am Jahrestag des unvergessenen 3 : 1 gegen Real Madrid, als Happel alle drei Tore geschossen hat –, trauerte ganz Österreich.
Sommer 1993. Anruf von Toni Polster, der damals nicht beim Begräbnis sein konnte: „Ich bin in Wien – kannst du mir bitte das Grab vom Ernst Happel zeigen?“
Natürlich, Toni. Wir treffen uns in Hietzing und fahren hinaus nach Dornbach. Viele Blumen am Grab und bereits eine schöne Marmorplatte. Toni bekreuzigt sich, klopft kurz an, faltet die Hände, schaut zum Himmel und sagt andächtig: „Trainer, ich hoff', daß Sie trotz allem auf uns ein bißchen stolz sein können.“
Dann senkt er den Blick und deutet nach unten, auf die Marmorplatte: „Unter *den* Umständen, natürlich.“
Das ist Toni Polster, wie er leibt und lebt. Unkompliziert, aufrichtig und ehrlich – Glaube, Hoffnung, Tore.
Heute hat Toni Polster längst alle österreichischen Fußballrekorde gebrochen: mehr Tore in der Nationalmannschaft geschossen als Hans Krankl (nämlich 44), öfter im Team gespielt als Ing. Gerhard Hanappi (94). Aber auf die Frage eines Fernsehreporters: „Was wären Sie lieber: eine Legende oder ein Denkmal?“ gibt Polster die klassische Antwort: „Lieber a Legende. Weil auf a Denkmal scheißen nur die Tauben . . .“ Daß dort auch Hunde ihr Haxl heben, hat Toni nicht gesagt.

# Ein Hund rettet die Fußball-WM

## *Herzogs „Alice" fährt Skilift, Polster mag Katzen*

France 1998: Die Welt im Fußballtaumel. Ermöglicht hat das gigantische Schauspiel Michel Platini: Weltklasse als Fußballer, jetzt Organisator. Ganz im Stil des Skichampions Jean-Claude Killy, dem Mann hinter Olympia 1992, der mir geflüstert hatte: „Einmal eine Weltmeisterschaft oder Olympische Spiele für Frankreich zu organisieren ist eine Ehre. Ein zweites Mal ist Selbstmord."

Platini empfand ähnlich. „Ich hatte für überhaupt nichts mehr Zeit, nur noch für Spaziergänge mit meiner Frau und unserem Hund." Einem Husky, den ihm Fiat- und Juventus-Chef Gianni Agnelli geschenkt hatte.

Aber wer weiß heute noch, daß einmal ein Hund eine ganze Fußballweltmeisterschaft gerettet hat?

England 1966. Eine ganze Nation, das Mutterland von König Fußball, im totalen Fieber. Die erste wirklich vermarktete Weltmeisterschaft, nachdem die TV-Rechte für die Winterolympiade 1960 in Squaw Valley noch für 20.000 Dollar zu haben waren.

Das erste echte Sportmaskottchen der Geschichte, der lustige World-Cup-Willie mit seinem Löwenkopf, schlägt alle Verkaufsrekorde. Ich hab' meinen heute noch. Der millionenteure, aber emotionell natürlich unbezahlbare goldene Weltmeisterpokal, die sogenannte Coupe Jules Rimet, wird bei einer Londoner Briefmarkenausstellung präsentiert, begafft und bewundert, vor allem scharf bewacht: durch sechs Detektive von Scotland Yard.

Aber plötzlich ist er weg. Über Nacht aus seinem todsicheren Platz gestohlen. Ganz England stöhnt vor Schmerz. Eine Aktion wie der Postraub, der etwa zur gleichen Zeit passiert.
Was für ein Skandal, was für eine Schande. FIFA, englischer Fußballverband und Versicherungen setzen horrende Prämien aus. Unglaublichen Finderlohn. Hilft alles nichts.
Bis plötzlich ein englischer pensionierter Dockarbeiter mit seinem Hund an der Themse entlang spazierengeht. Der Hund heißt *Pickles,* ist eine echte Straßenmischung. Und solche Hunde sind bekanntlich oft sehr intelligent.
Plötzlich schlägt *Pickles* an, stürzt sich ins Gebüsch, wühlt aufgeregt, und seinem Herrl fallen die Augen aus dem Kopf: Da liegt, einfach weggeschmissen, der goldglänzende Weltmeisterpokal – nach dem Tausende Scotland-Yard-Detektive im ganzen Land verzweifelt suchen!
Der World Cup ist gerettet. *Pickles* wird zum Helden der ganzen Nation. Sein Finderlohn: wahrscheinlich lebenslang umgesetzt in Knackwürste oder Hot dogs.
Leider kann er sie nicht lang genießen. Nur wenige Monate. Dann stranguliert sich *Pickles* auf der Jagd nach einer Katze an der eigenen Leine: Was ganz England erschüttert.
PS: England wurde 1966 mit dem berühmten dritten Tor, dem Lattenpendler im Finale gegen Deutschland, wirklich Fußballweltmeister. Den Goldtorschützen Geoff Hurst erhob Königin Elizabeth II. erst 32 Jahre später, Juni 1998, am ersten WM-Wochenende in Frankreich, in den Adelsstand. Seither darf sich Hurst stolz Sir Geoff nennen.

*Katzenfreunde: Herbert Prohaska (links) und Walter Schachner als WM-Helden 1978. Heute noch mit viel Herz für Tiere.*

*Pickles,* meine ich, hätte sich auch zumindest einen kleinen Grafentitel verdient.
Zwei brasilianische Torleute begingen nach verlorenen WM-Endspielen Selbstmord. Der Tormann des ungarischen Wunderteams, Gyula Grosics, verriet mir: „Ich wache noch heute oft in der Nacht auf und denk' an unsere 2 : 3-Finalniederlage gegen die Deutschen in Bern 1954. Da spür' ich immer noch Herzweh."
Als strahlenden schwarzhaarigen Superkeeper haben wir alle Grosics in Erinnerung. Als ich ihn am 40. Jahrestag des 2 : 3 in Budapest wiedertraf, saß er grauhaarig und gebeugt im Fauteuil, im Schoß einen weißen Pudel, den er gedankenverloren kraulte.
Es war eine Zeitreise wie mit Robert de Niro in „Es war einmal in Amerika".

Spätestens in WM-Zeiten erinnern sich alle Fußballfans an die Supertore, die Walter Schachner für Österreich geschossen hat. „Aber die zwei Katzen, die mir vor der WM 1982 in Lackenhof am Ötscher über die Schultern gekraxelt sind, gehörten nicht mir – das war nur für ein Foto."
Heute, mit 41, spielt „Schoko" immer noch. Und hat auch eigene, wirkliche Tiere als Hausgenossen: die siebenjährige Katze *Rocky,* klein, aber besonders kräftig, und den einjährigen Schäferhund *Nico,* der ins Haus kam, als die Katze schon sechs war. „Sie vertragen sich überhaupt nicht."
Das schafft im Schachner-Haushalt dicke Luft: fast wie im Strafraum.

Teamchef Herbert Prohaska – der unsere Nationalmannschaft im Sommer 1998 zur Weltmeisterschafts-Endrunde ins populäre Hundeland Frankreich geführt hat – wollte schon als Kind immer Hunde. „Aber dafür war in unserer kleinen Gemeindewohnung in Wien-Simmering leider kein Platz. Ich schlief mit meinem Großvater in einem Bett. Wo hätten wir da die Hunde hintun sollen?"
Aber der „Schneckerl" wußte schon immer: Wenn ich einmal ein berühmter Fußballer bin, mit Geld und Haus und Garten – dann möchte ich auch Hunde.
Jetzt ist Prohaska schon in seiner zweiten Halbzeit als Hunde-Herrl – und hat immer die gleichen Rassen.
„Schon mein erster Hund war ein Riesenschnauzer aus einer Zucht in Götzis in Vorarlberg – wo ja viele Riesenschnauzer herkommen." Aber die Story von *Raika,* wie Prohaskas erste Hündin heißt, endet traurig. Diagnose: Krebs. „Zuerst müssen wir ihr ei-

ne Kralle amputieren. Dann wird leider klar: In einem halben Jahr die ganze Pfote. Das wollten wir der *Raika* und uns nicht mehr antun."
Aber so wie Prohaska als Vereinsfußballer in Österreich immer nur den violetten Austria-Dreß trug, so bleibt er auch seinen Riesenschnauzern treu. „Zufällig sagt mir 1994 ein Züchter: Ich fahr' jetzt nach Magdeburg. Und bringt uns wirklich einen Riesenschnauzer-Welpen von drei Monaten mit – geboren genau am 1. April."
Prohaska hat – wie so oft als Teamchef – Aufstellungsprobleme: „Ich kann mich zwischen zwei Welpen entscheiden – sieben oder zwölf Wochen. Ich nehm' den ein bissl größeren."
Eine Hundelady. Sie heißt *Hondra,* hat aber nichts mit schnellen Motorrädern zu tun, in die sich ein „r" eingeschmuggelt hat. „Das ist ihr Stammbaumname, und wir haben ihr gleich diesen Namen gelassen."
Methodisch und gewissenhaft, wie Prohaska als Mensch und Fußballer immer gewesen ist, hat er sich natürlich vorgebildet: „Bücher gekauft und gelesen, was man über Hundeerziehung alles wissen muß. Die Leute sagen ja: Riesenschnauzer und Rottweiler – das sind die gefährlichen, bösen Hunde. Aber es gibt weder gefährliche noch böse Hunde. Nur Menschen, die Hunde bös oder gefährlich machen. Sie zuviel allein lassen, in geschlossenen Räumen. Oder schlecht behandeln. Die armen Kettenhunde zum Beispiel."
Und wie schaut's aus mit der Erziehung, Herr Teamchef?
„Das extreme Abrichten hab' ich immer abgelehnt. Mit dem ersten Hund hab' ich aber noch einen Babykurs gemacht – damit er was lernt. Beim zweiten

Hund hat das schon die Schwiegermutter besorgt. Für *Hondra* ist sie die Bezugsperson Nummer 1 – weil sie am meisten zu Hause ist. Das reicht. Männchen machen kam für mich nie in Frage – und Schutz schon gar nicht. Es geht auch so: Hunde sind extrem lernfähig."

*Hondra* ist zusätzlich „total familienbezogen. Sie hat den gleichen Status wie wir alle – meine Frau, meine Töchter, meine Schwiegermutter und ich. Sie darf alles, außer zu uns ins Bett kriechen – aber eigentlich macht sie das auch schon . . ."

Genau wie Fußballspielen, aber das ist beim Teamchef wohl Pflicht. „Sie hat immer so kleine Gummibälle." Und wird überhaupt total verwöhnt: „Mit Hendl, Reis, frischem Gemüse – Dosenfutter mag sie keines." Ein bissl kapriziös, die junge Hundedame, in Herbert Prohaskas weiblich dominiertem Haushalt in Klosterneuburg: eine Tochter, Barbara, war ja sogar Ballettänzerin . . .

Das erste Buch, das Toni Polster als Kind gelesen hat, war die „Spatzenelf". Handelt natürlich von einer Buben-Fußballmannschaft, nicht von den Vögeln auf den Telegraphendrähten.

„Als Kind hatte ich keine Tiere. Aber meine Frau Lisi schon – als junges Mädchen zu Hause ein Meerschweinchen."

Auf den besten und gefährlichsten Torschützen Europas wird in der deutschen Bundesliga meist ein „Wachhund" angesetzt: Einer, der kratzt und beißt und Polster am Toreschießen hindert.

Und außerhalb der Stadien?

„Der Toni Polster", lächelt Teamchef Prohaska, „ist kein Herrl für einen Hund. Der hätte nur Angst. Eher ein Typ für Katzen . . ."

Und das stimmt. Die Polster-Katze heißt *Mutzi* und ist sogar dreifärbig: schwarz, weiß und braun – fast so bunt wie ein Fußballdreß.
„Eine echte Straßenkatze", erzählt Polster, „die uns vor neun Jahren in Sevilla zugelaufen ist." Toni war damals Legionär in Spanien und „Goleador" in der Stierkampfstadt, in der auch schon Ernst Happel und Max Merkel als Trainer und Helmut Senekowitsch als Spieler gezaubert hatten.
„Die *Mutzi* ist immer zu uns über die Straße gekommen, zu uns ins Haus, hat zu fressen gekriegt – und dann wollte sie nimmer weg. Und wir hätten sie auch nimmer fortgelassen."
Natürlich hat sich die Katze dem Legionärsleben des Fußballers angepaßt – und ist mit der Familie auch nach Köln und zuletzt nach Mönchengladbach weitergezogen.
Mit den kleinen Polster-Kindern Anton Jesus und Lisa-Maria versteht sich *Mutzi* gut, am glücklichsten aber ist sie, wenn sie der Hausherr auf den Schoß nimmt, krault und streichelt, wenn er gerade Fußball im Fernsehen schaut.
Die einzige, die ihn dabei stören darf, auch wenn sie nicht bei jedem Polster-Tor vor Begeisterung zu schnurren anfängt: Bravo, Toni!

Man kennt die Fußballerweisheiten: Vom Ball, der rund ist, und vom Match, das 90 Minuten dauert.
Tierfreunde kennen aber auch den Spruch: Wenn zuerst der Hund da ist und erst dann die Katze – kein Problem. Aber wehe, es ist umgekehrt!
Wie bei Andreas Herzog, der als Bub nur einen Wellensittich hatte: genannt *Burli*. So heißt schon sein Vater, der selber ein bekannter Fußballer war.

Aber dann kommen die Vierbeiner: 1989, als der heutige internationale Star noch im Hanappi-Stadion bei Rapid kickt. Und den man damals schon den „weißen Gullit“ nennt – nach dem berühmten Rasta-Fußballstar von den niederländischen Antillen.
Zuerst bringt Kathy, Andys Freundin, aus einem Tierheim in Wien zwei Katzen nach Hause – aus einem Wurf mit drei Kätzchen: *Leonardo* (nach da Vinci), *Mona* und *Lisa*. Die *Mona* bleibt, wo sie ist, aber *Leonardo* und *Lisa* ziehen im Herzog-Haushalt ein, der bald nach Bremen übersiedelt, später nach München, dann zurück nach Bremen. Aber da fehlt noch irgend etwas.
Eines Samstagvormittags 1994 sitzen Andy und Kathy in Bremen im Kaffeehaus, blättern im „Weser-Kurier“ – und sind plötzlich beide elektrisiert. „Da steht: Ein Züchter bietet zwei Welpen an – einen Berner Sennenhund und einen Golden Retriever.“
Andy Herzog und seine Freundin entscheiden sich für den Golden Retriever: eine Hündin, die *Alice* getauft wird. Alice im Wunderland, wie bei Disney. Um so größer ist der Schock, als sich herausstellt: *Alice* ist krank.
Was auch immer bei der Züchterin schiefgelaufen war, eine Infektion, Seuche oder fehlende Impfungen – Andy Herzogs neuer Liebling scheint rettungslos verloren. „Ein Wurf von sieben Welpen. Und nur zwei haben überlebt – die Vollschwester und unsere *Alice,* aber die macht uns angst.“
„Dann tauschen Sie den Hund ganz einfach gegen einen anderen um“, rät ein besonders herzensguter Deutscher, was Andy Herzog restlos empört: „Einen Hund kann man doch nicht umtauschen wie ein Stück Werkzeug oder ein Paar Schuhe, das nicht paßt!“

*Vierbeinige Manndeckung: Andy Herzog, Freundin Kathy und ihr Golden Retriever Alice – die schon oft beim Comeback des Fußballers mitgeholfen haben.*

Ein schweres Match für Andy Herzog: „Zwei Monate zittern. Jeden Tag beim Tierarzt. Aber dann ist *Alice* gerettet." Und heute – fünf Jahre später – ein pumperlg'sunder Hund, an dem Andy viel Freude hat. Und totalen Spaß.

*Alice* ist eine Hundedame, *Leonardo* ein Kater, *Lisa* eine Katze. Wie schaut das mit der Rangordnung aus?

Andy muß lachen: „Bei uns überhaupt kein Problem, da zuerst die Katzen da waren, dann erst der Hund. Die Katzen jagen durchs Haus – und die *Alice* hinterher. Am besten verstehen sich *Alice* und *Leonardo.* Oft kommt der Kater zum Hundekorb, legt sich rein – und dann schlafen sie beide friedlich zusammen, Rücken an Rücken. Aber wehe, die Katze *Lisa* schnüffelt den Hundegeruch – dann rümpft sie sofort die Nase und geht beleidigt weg."
Und der Futterneid, Andy? Wie unter Fußballern, wenn einer zu eigensinnig dribbelt und den Ball nicht abgibt?
„Anfangs probiert der Hund, auch das Katzenfutter zu fressen. Aber da kriegt er von der Katze sofort eine auf die Schnauze – seither ist das erledigt."
Wer Andy Herzog kennt, weiß: Er ist auch ein leidenschaftlicher Skifahrer. Was sich bis zu *Alice,* dem Golden Retriever, durchgesprochen hat. Andy und Kathy machen traditionell immer Skiferien in St. Johann im Pongau. Mit Freunden – und natürlich auch mit Hund.
Einmal ist die Warteschlange bei der Gondelbahn zu lang, aber daneben läuft der Sessellift.
Was Herzog auf eine Idee bringt: „Darf ich auch meinen Hund mit rauf nehmen?"
Der Liftwart erlaubt es: „Aber nur, wenn Ihr Hund nicht runterspringt!"
Andy Herzog nimmt *Alice* weder auf den Schoß, noch schnallt er sie an. „Ich setz' sie neben mich, aber halt' sie natürlich die ganze Fahrt fest."
*Alice* muß in einem früheren Leben einmal Skirennläuferin gewesen sein, denn Andy kommt aus dem Staunen nicht heraus: „Der Hund gähnt beim Hinauffahren logisch und richtig am Lift – um den

Druck in den Ohren auszugleichen. Dann zieh' ich meine Bögen, fahr' ins Tal runter – und der Hund rennt immer in meiner Spur."
Eine unzertrennliche Fünferbande, Andy, Kathy, ihr Hund und ihre zwei Katzen. An die Bundesliga-Samstage haben sich die Tiere längst gewöhnt, weil sie wissen: Samstag abend ist ihr Herrl wieder zu Hause – Fußballerschicksal.
Aber wehe, Andy kommt einmal im Jahr mit den ganz großen Taschen für drei Wochen Heimaturlaub: „Sobald die Katzen das sehen, zischen sie schon ab, verstecken sich, ihr ganzer Widerspruchsgeist gegen das Einpacken und Wegfahren rührt sich."
Da braucht es schon viel Zureden, wie von einem guten Fußballtrainer. Katzen reisen halt nicht gern. „Mit dem Hund: kein Problem. *Alice* kriegt genau mit: Jetzt heißt es wieder: neun Stunden im Auto – aber letztlich sind sie alle still und brav."

Für unseren langjährigen Teamtormann Michael Konsel, einen großen Tierfreund, ist jede „Universum"-Sendung Pflichttermin vorm Fernseher.
„Mein liebstes Tier", sagt Michael Konsel heute, „ist die Klapperschlange." Wahrscheinlich darum schlängelt er sich im Strafraum oft so geschmeidig durch ein Gewirr von Beinen – bis er den Ball einzwickt. Aber nicht verdaut, sondern ausschießt.
Heute ist Konsel ein Superstar bei AS Roma. Und Franz Wohlfahrt kam mit VfB Stuttgart sogar bis ins Europacupfinale.
Wenn sich Wohlfahrt in einem Match fürchterlich ärgert, über eine unfaire Stürmerattacke oder über einen falschen Elfmeterpfiff, dann kann er genauso bös und zornig schauen wie Sylvester Stallone: trot-

zig geschürzte Lippen, leicht hängende Lider und Augen, die Feuer spucken.
Kein Wunder also, daß sein Berner Sennenhund genauso heißt wie Rocky Stallones vierbeiniger Freund in „Rocky 1" – also *Battcus,* jetzt acht Jahre alt und total kinderliebend.
Die kleinen Wohlfahrt-Töchter Romy und Gloria vergöttern ihren mächtigen, aber unglaublich zartfühlenden Spielgefährten. „Wenn ihm die Kleine etwas ins Maul steckt, nimmt er das immer ganz behutsam. Nie könnte er einem Kind weh tun", weiß Wohlfahrt. „Wir wohnen ja etwas außerhalb Stuttgarts, im Süden, mit vielen Nachbarskindern. Und alle Eltern wissen: Wenn *Battcus* da ist, können sich alle Kinder total sicher fühlen. Der paßt auf alle auf!"

Was früher in Holland Feyenoord war, ist heute in Österreich Sturm Graz, der aktuelle Fußballmeister: die Mannschaft mit dem schönsten Stadion, den meisten Zuschauern, den meisten Teamspielern. Und den meisten Hunden.
Im Schwarzenegger-Stadion wird viel gebellt: Der dynamische Präsident Hannes Kartnig hat sich zwischen Stars wie Giannini und Vastic auch einen Neufundländer gekauft. „Er heißt *Caiko,* wie in seinen Papieren steht, und ist amerikanischer Abstammung." Seit dem berühmten Bosman-Urteil – Fußballer dürfen sich frei verkaufen – sind auch für Fußballhunde die Grenzen gefallen.
Der aus Deutschland zurückgekehrte Mario Posch hat einen Schäfer, der deutsche Sturm-Legionär Schupp einen Berner Sennenhund – genau wie Sturm-Manager Heinz Schilcher, der seinen Berner *Sopherl* nennt – warum, weiß keiner.

# Niki Laudas fliegender Zoo . . .

## *. . . und seine abenteuerlichen Tiergeschichten*

Österreichs erfolgreichster Autorennfahrer aller Zeiten – und jahrelang Österreich-Ambassador wie Dr. Bruno Kreisky oder die Lipizzaner – heißt mit vollem Namen: Andreas Nikolaus Ritter von Lauda. Einer wie er mußte schon früh mit PS beschäftigt werden – auch wenn ihm Pferde meistens angst machten.
„Aber ich bin schon als Bub immer sehr anständig geritten!“
Monza 1975. Der Tag, an dem „Niki nazionale“ – natürlich auf Ferrari – zum erstenmal Weltmeister wird.
Ich erinnere mich noch genau, wie wir wenige Minuten nach seinem WM-Titelgewinn im totalen Chaos im Fahrerlager zusammentrafen. Außer Rand und Band geratene Tifosi. Berittene Polizisten, die die Massen von Niki abdrängten. Und rund um ihn nur Chaos, aufbäumende Pferde, Gewieher. „Da kriegst direkt Angst.“ Das war das Szenario ums erste Weltmeister-Interview.
Lauda liest vielleicht nicht sehr viel, aber das Dschungelbuch von Rudyard Kipling kennt er natürlich. Und darum heißen seine Doggen in Hof bei Salzburg auch *Baghira* (schwarz) und *Balu* (braun). Nicht gerade unbedingt zwei Kuscheltiere, wie sich Dr. Helmut Marko an eine Übernachtung im Lauda-Haus in Hof erinnert: „Plötzlich, mitten in der Nacht, schlecken mir zwei Ungeheuer das Gesicht. Ich hab’ fast einen Herzstillstand, schieß’ kerzenge-

rade im Bett hoch. Dann seh' ich: Nikis Doggen, die sich ins Schlafzimmer geschlichen haben. Wirklich liebe Hunde, aber im Schlaf halt furchterregend. Ich hab' mich noch nie so geschreckt!"

Und das sagt alles bei einem Rennfahrer, dem im Steilwandoval von Daytona Beach bei 300 km/h ein Reifen geplatzt ist und dem in Clermont-Ferrand ein aufgewirbelter Stein das Visier durchschlagen hat.

Mag sein, daß *Baghira* und *Balu* auch für die heranwachsenden Lauda-Buben Lukas und Mathias ein bissl zu wild waren – jedenfalls ging es später auf der Lauda-Finca auf der Ferieninsel Ibiza wieder mehr um Pferde und Reiter.

Um einen speziellen Reiter: Tilly, den Bruder von Marlene Lauda.

Als einer der Lauda-Buben ein Pony geschenkt bekam, beschloß der Familienrat richtig: Der andere Bub braucht auch eins. Also fuhr Lauda mit Tilly und dem Landrover los, eine Stunde lang, ans andere Ende der Insel. Pony aufgeladen, Rückfahrt. „Leider steig' ich einmal statt auf die Kupplung voll auf die Bremse." Großer Schock: Das Pony stürzt nach vorn, mit dem Kopf durchs kleine Fenster – drunter begraben, strampelnd, der arme Tilly.

Die Weiterfahrt erfolgt behutsamer.

In Santa Eulalia taucht die Frage auf: Wo schlafen die Ponys? Wir brauchen einen Stall. Jemand, der viele Pferde herumrennen hat, bietet sich an: Ich bau' den Stall.

Als Lauda ein paar Tage später wieder heimkommt, wundert er sich über die Riesenbaustelle auf seinem Grund: „Was geschieht da?"

„Nicht viel – nur der Stall für die Ponys", sagt Marlene.

Ein Grand Prix oder zwei Wochen später: Ein riesiges Gebäude wächst aus dem Lauda-Grund, für Ibiza-Verhältnisse wolkenkratzerartig, fast die Sonne verfinsternd.
„Was wird das?" fragt Lauda entsetzt.
„Der Stall für die Pferde."
„Morgen kommt der Caterpillar!" droht Niki, und tatsächlich reißt er tags darauf den ganzen Stall nieder. „Den neuen bau' ich selber."
Er baut ihn auch, klein, bescheiden, gerade so hoch, daß zwei Ponys drin stehen können. Und, was nur einem Lauda einfallen würde, sonst keinem: Mit so extrem niedriger Tür, daß die Ponys den Kopf einziehen und sich ganz tief bücken müssen, um überhaupt reinzukommen.
Jetzt kann ihm kein Nachbar mehr seine Pferde in den Stall stellen.
In den Discos von Ibiza ist bis Mitternacht, wie unsere deutschen Freunde gern sagen, tote Hose.
Danach kommen alle. Tilly, der Lauda-Schwager, am liebsten hoch zu Pferd, in prachtvoller chilenischer Kavalleristenuniform, mit Stiefeln, Cowboyhut und Lasso.
Einmal sitzt Lauda im „Café Royalti". Plötzlich Hufeklappern. Tilly reitet am Hauptplatz vorbei, steigt ab, bindet das Pferd am Baum an – ein bissl schlampig, wie Niki scheint.
Tilly plaudert, das Pferd tänzelt. Ein Autobus fährt vor, verdeckt das Pferd, fährt wieder weiter, kein Pferd mehr da. Das Pferd, sagt Niki. Das Pferd? fragt Tilly. Das Pferd!
Wie er seinen störrischen, wiehernden Gaul nach 20 Minuten Akrobatik auf dem Hauptplatz von Santa Eulalia endlich wieder einfängt, davon reden die

Ibicencos heute noch, und die haben weiß Gott viel zu reden.
Des Nachts reitet Tilly mit Grubenlampe auf dem Kopf. Einmal bindet er sein Pferd vorm „La Villa“ an, hockt sich stundenlang wortlos an die Bar und geht erst wieder, als die Batterie aufgeladen ist.
Als Lauda und Marlene 1976 heimlich heiraten, vereinbart die Ehefrau für den Fall einer Scheidung gleich einmal: „Ich krieg' die Kinder, die Hunde und den Fotoapparat.“
Bei der genauso heimlichen Scheidung 1996 erinnert Marlene: „Die Kinder, die Hunde und den Fotoapparat . . .“
Die zwei Hunde heißen *Orlando* und *Jackie. Orlando* ist ein siebenjähriger Dackel, *Jackie* ein Mischling. Beide sind schon routinierte Passagiere in Nikis Lear-Jet, „denn Marlene würde niemals ohne ihre Hunde verreisen. Und auch nicht ohne den Beo. Das ist jedesmal eine größere Expedition.“
Den Beo – schwarzer Vogel mit gelbem Schnabel – hat Niki der Marlene 1997 geschenkt. „Ich bin in Wien einfach in eine Tierhandlung gegangen und hab' ihn direkt aus dem Käfig gekauft.“
Der Beo ist der perfekteste Sprechvogel. Er kann viele Sätze sagen: „Bist du schon da?“ oder: „Sind die Fenster sauber?“ oder: „Ist das Klo schon geputzt?“
Die letzten zwei Sätze lassen ahnen, wer dem Beo diese markanten Aussagen eingetrichtert haben muß: der penible Chef der Lauda Air.
Penibel und sparsam. Zwei Tage vor Weihnachten: ein Telefondialog von Niki mit seinen Söhnen Lukas und Mathias:
„Wieviel Weihnachtsgeld habt ihr voriges Jahr gekriegt?“

„10.000 Schilling."
„Stimmt net, soviel höchstens für euch zwei zusammen."
„Nein, für jeden."
„Aber soviel hab' i net", stöhnt Niki in den Hörer. Von der Gegenseite kommt der Vorschlag: Ratenzahlung. Lauda: „Darüber können wir reden."
Zwei Tage später fährt Lauda mit seinen Buben in die Weihnachts-Skiferien am Arlberg. Als er Lukas und Mathias nachher in Hof abliefert: der große Schreck und eine verzweifelte Marlene.
Der Grund: „*Orlando,* der Dackel, schleppt seinen Hintern nach", wie Lauda diagnostiziert. „Lähmung – wir müssen operieren."
Das geschieht über der Grenze, in Freilassing. „Sieben Tage Spital, erster Klasse natürlich. Hat mich 3000 Mark gekostet, die ich natürlich sehr gern gezahlt hab' für den armen *Orlando.*"
Der behandelnde Arzt klärt Niki über die Bandscheibenoperation auf: „Ich hab' mich total gewundert, welche Operationen bei Tieren bereits durchgeführt werden können – fast noch mehr als beim Menschen!"
Nichts, das in der modernen Tiermedizin unmöglich wäre. In Graz bekommt die Katze *Mischa,* von einem Auto überrollt, ein neues, künstliches Hüftgelenk. Die Springmaus *Garfield* wird an der Ferse operiert, und eine Fledermaus sogar am Flügel.
Und das Happy-End im Hause Lauda: *Orlando,* der Dackel, rennt heute wie nie zuvor: in Hof, Barcelona oder Ibiza – und macht jede Reise in Nikis Lear-Jet mit.
Von seinen 25 Grand-Prix-Pokalen hat Lauda nur zwei aufbewahrt: den ersten von Madrid 1974, „sehr

praktisch, mit vielen Kanten und Griffen, an denen ich Schere und Büromaterial aufhängen kann. Aus dem zweiten Häferl frißt der Hund.
Und welcher wäre heute dein Lieblingshund, Niki?
„Ein Weimaraner! Halber Jagdhund, g'scheiter Hund, das Intelligenteste, das ich auf vier Pfoten getroffen hab'. Kurze Haare, entweder goldbraun oder grau. Ein tolles Viech, jetzt sowieso überall zu sehen. So etwas hätt' ich gern."
In Amerika läuft gerade eine TV-Serie über einen Weimaraner: grau, kurze Haare und Bernsteinaugen. Vielleicht kauft ihn Lauda gleich beim Teleshopping.
Oder ihn faszinieren die Bilder eines New Yorker Modefotografen, der sich ganz auf Weimaraner spezialisiert hat: „Die bravsten Hunde zum Fotografieren. Halten immer und überall still."
Ein Weimaraner, weiß Niki Lauda, war auch der letzte Hund von Frank Sinatra.

# Das Schumi-Rudel

## *Adoptierter Brasilianer und kühne Ritte*

Wer ein Herz für Tiere hat, der muß auch gut zu Menschen sein: ein altes Sprichwort. Aber so hart Michael Schumacher im Pulverdampf und Stahlgewitter der Formel-I-Rennen oft gegen seine Rivalen auftritt – bei seinen Hunden schmilzt er dahin.

Kein anderer im Grand-Prix-Zirkus hat so viele Hunde, und kein anderer mag sie so gern. Vielleicht waren sie sogar ein zusätzlicher Grund, warum Michael, seine Frau Corinna und die kleine Gina-Maria von Monte Carlo in die Schweiz gezogen sind. Nicht nur wegen der Nähe der Alpen und des Genfer Sees, sondern auch zwecks mehr Auslauf der Hunde.

Die Schumis haben vier davon, allesamt Hundeda-

*Die größten Hundefans im Formel-I-Zirkus: Michael Schumacher, seine Corinna und Flo, der Brasilianer.*

men. „Ein Rüde im Haus“, hat mir Michaels Frau einmal gesagt, „genügt mir . . .“
Die erste Hundelady im Schumi-Haushalt war *Jenny,* ein Westhighland-White-Terrier, immer noch zärtlich *Baby* genannt, obwohl schon fünf Jahre alt: am 8. November 1993 zur Welt gekommen. Das Jahr, bevor Schumacher zum erstenmal Weltmeister wurde.
Die nächsten vierbeinigen Freunde bekam er schon als Champion. Sogar Zwillinge: die belgischen Schäferhunde *Bonnie* und *Tracy,* beige mit schwarzer Maske, am 22. Februar 1995. Vor einem sehr guten Züchter, freut sich Corinna noch heute.
Michael liebt alle seine Hunde. Aber *Bonnie* ist doch sein Liebling: Benimmt sich wie ein Rüde, ist ruhiger, paßt besser auf, schaut schon böse und knurrt, wenn ihm jemand die Tasche wegnehmen will . . .
Corinnas Liebling ist *Flo,* der Brasilianer. „Der Cleverste von allen. Hat ganz genau mitgekriegt, was mit ihm passiert ist. Und ist für jeden Tag bei uns dankbar.“ Warum, erklärt uns ein Blick zurück.
Grand Prix von Brasilien, 1996. Also Schumachers erste Saison mit Ferrari, große Spannung, viel Aufregung. Corinna hat Michael vom Australien-Grand-Prix nach Brunei begleitet, zum dortigen Sultan mit seinen 800 Rennpferden und Dutzenden Ferraris. Der reichste Mann der Welt.
Im Autodrom von Interlagos, außerhalb von São Paulo, das totale Kontrastprogramm: ein völlig verdreckter, halb verhungerter Hund hinterm Zaun. „Faß ihn ja nicht an“, sagen alle zu Corinna, „der hat sicher Hepatitis. So schmutzig, wie der ist.“
Aber der Hund läuft Corinna hinterher und läßt sich nicht mehr abschütteln. Bis ihn ein brasilianischer Streckenposten brutal wegtreten will.

„Der Hund wird nicht gehaut!“ empört sich Corinna. „Wieso nicht, ist das vielleicht Ihr Hund?“
„Ja, der gehört zu uns“, entscheidet Corinna.
Normal sind Hunde auf Rennstrecken strikt verboten. Aber *Flo* – so wird der Brasilianer sofort getauft, Kurzform für Florio – wird auf der Toilette in der Box gewaschen, mit der Ferrari-Mortadella gefüttert und darf sogar im Ferrari-Zelt schlafen. Dann erst zeigt Corinna ihrem Mann ihre neue Bekanntschaft.
„Den nehmen wir natürlich mit ins Hotel“, entscheidet Michael spontan, „überhaupt kein Problem.“
Doch in der Rezeption des Hotels „Transamerica“ legen alle die Ohren an: „Sorry, in unserem Hotel sind Hunde nicht zugelassen. Absolut unmöglich!“
„Dann wird eben die ganze Formel I aus Ihrem Hotel ausziehen“, droht die charmante Tina, die Reise-Chefin in Bernie Ecclestones Formel-I-Zirkus. Und das wirkt. *Flo* darf einziehen und sogar mit dem Lift fahren: das völlig neue Lebensgefühl.
Dann wird die Tierärztin bestellt, und die hat stundenlang zu tun: *Flo* wird gebadet, entfloht, viele kleine Bißwunden werden verarztet. Und, o Schreck: *Flo,* laut tierärztlicher Schätzung erst acht Monate alt, ist trächtig. Mindestens vier Welpen.
„Und das“, weiß Corinna sofort, „können wir ihr nicht zumuten. Sie ist ja fast selber noch ein Baby. Und außerdem: *Flo* hat eine harte Zeit hinter sich, ist viel gebissen worden und hat selbst gebissen. Wenn sie Welpen kriegt, wird sie womöglich noch aggressiver.“
Also wird *Flo* später operiert und dann kastriert.
Als Michael Schumacher – damals in Brasilien – um 23 Uhr von der Rennstrecke zurückkommt, kann er

*Michael Schumacher mit seinem Bruder Ralf und seinem Lieblingshund Bonnie.*

stolz sein auf Corinna. Und freut sich über Familienzuwachs *Flo*.

Dann wird *Flo* eingepackt und zum nächsten Rennen nach Buenos Aires mitgenommen. „14 Tage lang", erinnert sich Corinna, „hat sie nur geschlafen. Weil sie sich das erstemal in ihrem Leben sicher gefühlt hat." Danach der lange, weite Flug nach Europa. Neue

Heimat Schweiz. Und da beginnen erst die Probleme. Bei Ferrari hat Schumacher eine vertraglich festgeschriebene Position als Nummer-1-Pilot. Sein Stallkollege Eddie Irvine muß ihn, falls nötig, immer und überall vorbeilassen.

Bei den vier Schumi-Hunden aber gibt es weder Stallorder noch eine genaue Rangordnung. „In unserem Rudel", erinnert sich Corinna an die erste Zeit, „gibt es Eifersuchtsdramen. Jeder will dominieren, besonders *Flo,* die ja harte Zeiten hinter sich hat. Jetzt glaubt sie, sie muß auch bei uns jeden anderen Hund beißen. Bis wir ihr klarmachen: Sie muß auch die anderen Hunde akzeptieren. *Bonnie* wird das überhaupt zuviel, und sie beißt zurück . . . Wann immer eine Rauferei passiert, ist *Flo* dabei. Wir müssen dauernd zum Tierarzt. Ein Jahr lang haben wir zu Hause permanente Fights."

Heute haben sich die vier längst zusammengestritten: *Jenny, Bonnie, Tracy* und *Flo* mit ihrem hübschen Gesicht und den originellen Einfällen.

„Einmal haben wir sie zur Strafe im Haus eingesperrt, vergessen aber, daß das Badezimmerfenster offen ist, fünf Meter über dem Boden. Und als wir in die Garage kommen, wer sitzt plötzlich unschuldig vor unserem Auto? Natürlich *Flo.*"

Ein athletischer, trainierter Sportlerhund. „Springt aus dem Stand über unseren Jeep Cherokee", staunt Corinna. Ein toller Trainingspartner für Michael.

Doch Anfang 1998 ist das Schumi-Rudel beinahe schuld daran, daß ihr berühmtes Herrl einen Grand Prix verpaßt. „Ich stolpere beim Laufen über meine Hunde, falle genau auf meine Schulter und hab' starke Schmerzen. Sogar leise Angst, daß ich den Grand Prix von Basilien absagen muß", verrät Michael.

Doch in Südamerika geht alles gut, und er gibt dem Ferrari immer eindrucksvoller die Sporen.
Aber längst hat für die Schumi-Hunde ein neuer Lebensabschnitt begonnen: seit die kleine Gina-Maria auf der Welt ist, die natürlich alle vier besonders bewachen und beschützen wollen. Die Kleine, die schon längst stramm durch den Garten marschiert, ärgert die Hunde, und die lassen sich das gerne gefallen.
„Wir haben wirklich jede Menge Spaß", freut sich Corinna, „und wenn ich lang weg bin von unseren Hunden, hab' ich direkt Entzugserscheinungen."
Zum Wiedersehen gibt es immer noch Ferrari-Mortadella. Aber später, falls Michael vielleicht doch noch einmal den Silberpfeil fahren wird, Bockwurst?
Und manchmal gibt es Tage, da tummeln sich bis zu zehn Hunde im Schumacher-Garten. Wenn Mama ihren englischen Cockerspaniel *Mabel* mitbringt.
Die Schumi-Familie war schon immer sehr tierliebend. Das Elternhaus in Kerpen bei Köln bewachen zwei Rottweiler. Dazu kommt die belgische Schäferhündin, die Michaels jüngerer Bruder Ralf zu Hause gelassen hat, als auch er nach Monte Carlo zog – die berühmte *Cora*.
Dagegen hat Vater Schumi, als er in Kerpen auszog, seinen deutschen Schäferhund *Rocky* gleich mitgenommen. Aber er lebt ja heute nicht allzu viele Kilometer entfernt. Jetzt wird *Rocky* als Polizeihund ausgebildet. Sorgt für Zucht und Ordnung.
Irgendwann hat Michael Schumacher verraten: Als Junge wäre er selber gern Polizist geworden . . . Aber bei Familie Schumacher wird nicht nur gebellt, sondern auch gewiehert: Ralf hat eine vielversprechende Karriere als Junior-Springreiter zugunsten seiner Rennfahrerkarriere beendet. „Ich hatte Angst, daß

ich mich bei einem Sturz vom Pferd verletzen könnte und deswegen einmal ein Rennen auslassen muß."
Nicht der einzige, den der Hafer gestochen hat.
Corinna ist eine exzellente Dressurreiterin und hat auch Michael für diesen Sport gewonnen: Vorm Kanada-Grand-Prix 1998 saß der Ferrari-Pilot zum erst drittenmal auf einem Pferderücken und machte gute Figur. „Obwohl eigentlich Pferde und Katzen viel besser zusammenpassen als Pferde und Hunde", findet Corinna. „Wenn ein Hund mit dem Schweif wedelt, hat er Freude, wenn ein Pferd mit dem Schweif wedelt, ärgert es sich . . ."
Und wovon träumt Frau Schumacher? Von Lipizzanern. Aber auch von der Welt unter Wasser. Trotz Michaels gefährlichem, glücklich überlebten Abenteuer in Brasilien, als das Tauchboot viel zu weit abdriftete. Corinna bekam auch einmal Panik: „Beim Wracktauchen in 30 Meter Tiefe, bei einer Wassertemperatur von nur sieben Grad."

*„Bodyguard" für Ferrari: die Box von Bonnie gut bewacht.*

# Formel Wuff

*Die Hunde der Formel-I-Piloten und ihrer Chefs*

Melbourne 1996. Zum Grand Prix von Australien kommt Bernie Ecclestone, der große Zampano der Formel I, mit verletzter Nase: Ein Schäferhund hat ihn in Las Vegas ins Gesicht gebissen.
Der Verdacht, Bernie habe sich in den Casinos der Spielhöllenstadt ein bissl zu tief in die Kasse gebückt, ist völlig falsch. „Ich geh' mit einem Freund zu einem anderen Freund, mit dem wir über einen Grand Prix der USA reden wollen – und dabei ist es passiert."
Allzu stürmische Begrüßung. Und was Bernie am meisten ärgert: „Der Hund hat mein Nasenspitzl nicht ausgespuckt, sondern gefressen!"
Nach ein paar Wochen schaut Ecclestone wieder aus wie neu: Knorpeltransplantation. Aber warum gibt es heute – während Gerhard Berger überlegt, in Amerika NASCAR-Tourenwagenrennen zu fahren – immer noch keinen Grand Prix der USA?
*Ask the dog.* Vielleicht deswegen?
Heute hat Bernie Ecclestone in London eine Bulldogge mit dem freundlichen Namen *Fudge* – so etwas wie ein Karamelzuckerl.
Jetzt freut sich der Formel-I-Zirkus auf ein Comeback des Grand Prix von Südafrika und damit auf die traditionellen Ausflüge in den tierreichen Krüger-Park. Bernie, als er vor Jahren von einer Flugsafari in die Kyalami-Ranch zurückkehrte: „Das einzige Tier, das ich gesehen habe, war ein Moskito – und der hat mich in die Nase gestochen." Nicht schon wieder.

Der erste berühmte Rennfahrerhund war *Moritz,* der Dackel des legendären „Silberpfeil"-Piloten Rudolf Caracciola, zwischen 1933 und 1939 dreifacher Europameister. Oft mitgenommen in den Rennen. Gassi gehen in Monza und am Nürburgring.
„Carratsch" entstammte einem alten venezianischen Rittergeschlecht, das im Krieg für die Deutschen gegen die Schweden kämpfte – daher der italienische Name. Er war der erste Rennfahrer, der in die Schweiz zog, wie später Jochen Rindt, Jackie Stewart, Alain Prost, Michael Schumacher usw.
Er lebte, zurückgezogen wie O. W. Fischer mit seinen Katzen, mit *Moritz* am Luganosee, bis er 1959 starb.

Vor zwei Königen der Automobilbranche hatte ich immer besonderen Respekt: Enzo Ferrari und Professor Ferdinand Porsche.
Um den legendären Commendatore kennenzulernen, trampte ich als 16jähriger Schüler-Reporter per Autostopp von Wien nach Maranello, schmuggelte mich am späten Nachmittag irgendwie an Portier und Werkschutz vorbei in die „heilige" Rennabteilung von Ferrari, stand plötzlich zwischen Rennautos, Motorblöcken, vergilbten Lorbeerkränzen mit schon verblaßten Schleifen – zwischen Plakaten von den großen Rennstrecken. Plötzlich ein Luftzug und eine schneidende Stimme. Ich spürte ihn schon, bevor ich ihn sah.
„Was machst du da?"
Weil Spione meist ein bissl älter sind als 16, verzieh mir Enzo Ferrari mein Eindringen und gab mir sogar ein 15-Minuten-Interview – das erste von vielen. Später erinnerte er sich noch öfter daran. Ich habe heute noch ein paar Briefe und Weihnachtsgrüße –

alle geschrieben mit seiner berühmten lila Tinte. An seinen Hund kann ich mich nimmer erinnern, wohl aber sein Sohn Piero Lardi: „Das war so ein braunes, zotteliges, fast undefinierbares Etwas.“
Bis 1988 lebte Enzo Ferrari in seinem Haus auf der Teststrecke Fiorano mit seinem Hund. Wann immer er junge Damen zum Mittagessen einlud, mußten draußen die Mechaniker einen 12-Zylinder-Motor anstarten. Das brachte den alten Herrn erst so richtig in Schwung. Jetzt hat dort Michael Schumacher sein Zimmer.
Am 70. Geburtstag von Professor Ferdinand Porsche kaufte ich mir meinen ersten – gebrauchten – 911er. Am gleichen Tag rollte sich Niki Lauda seinen McLaren-Porsche-Turbo bei Formel-I-Testfahrten am Nürburgring über den Fuß.
„Beinbruch von Lauda! Weltmeisterschaft ade“, schlug das deutsche Fernsehen Alarm – Lauda hat’s dennoch geschafft.
Professor Porsche machte bis ins hohe Alter vom Bismarckturm aus täglich ausgedehnte Spaziergänge. Zuerst begleitete ihn seine über alles geliebte Ehefrau Dorothee. Als sie starb, wurde der Langhaardackel der treueste Gefährte.
Und nach dessen Ableben: sein langjähriger Rennleiter Huschke von Hanstein, der immer noch auf einer uralten Schreibmaschine Briefe verfaßte: „Jetzt geht das ‚z‘ nicht mehr, jetzt geht das ‚tz‘ nicht mehr – und jetzt geht gar nix mehr.“ Drei Jahre später starb auch Professor Porsche, 84jährig.
In Garmisch-Partenkirchen, bei den Weltcupskirennen, sehe ich jeden Winter viele noble Herrschaften in Pelz, die ihre Hunde spazierenführen. Aber das ist lang nicht alles.

Ich erinnere mich oft und gern an einen langen Abend bei der Stuck-Familie in Grainau. Am berühmten Silbertisch des legendären „Bergkönigs“.
Hans Stuck zeigt hochinteressante Briefe, etwa von der deutschen Reichskanzlei, die Fahrergagen für Rosemeyer, Stuck usw. festgelegt hat – ich glaube 100.000 Reichsmark Jahresgage. Manche Verträge sind in Bildern gerahmt.
Der teuerste Mercedes kostete damals 300.000 Reichsmark. Also kann keiner sagen: Die Helden der Vorkriegszeit waren überbezahlt.
Herr Stuck, sage ich, bitte die lustigste Story aus Ihrer ganzen Rennkarriere? Und der legendäre Rennfahrer erzählt: „Rio 1935. Die Paula, meine zweite Frau, und ich haben immer einen Pudel mit. Da ist jeder Tag der Krieg, wer den Hund abends nochmals auf die Gasse führt. Wir wetten immer den ganzen Tag. Wieder mal bin ich dran, also gehen wir beide. Der Hund rennt aber an den Strand, ins Wasser, kommt klatschnaß ins Zimmer und springt in das eine Bett – natürlich gleich völlig versaut.
Also gut, soll der Hund in dem einen Bett schlafen, wir gehen ins andere. Plötzlich, nach Mitternacht, schon längst finster, jault der Hund auf, springt meterhoch in die Luft – und geht ab diesem Tag nie mehr wieder in ein Bett rein. Wir glauben: vielleicht hat ihn ein Sandfloh gebissen.
Nächsten Tag, als wir zum Frühstück runterkommen, sitzen unsere Rennfahrerkameraden, der Rosemeyer, der Brauchitsch, der Lang, schon da, grinsen so komisch und fragen: ‚Na, habt ihr gut geschlafen?‘ Ja, wunderbar. ‚Wieso‘, fragen die anderen, ‚habt ihr nichts gemerkt?‘ Nein – nur mit dem Hund war irgendwas.

Und dann kommt's heraus: Der Rosemeyer, Brauchitsch und Lang haben aus dem Rennwagen den Gleichstromgenerator ausgebaut, mit Plus und Minus an meine Bettfedern angeschlossen, bis Mitternacht gewartet – und dann ein paar Stromstöße in die Bettfedern hineingejagt. Darum ist der Hund so aufgefahren. Aber er hat's überlebt."

In den „Roaring Fifties" gab es einen temperamentvollen französischen Piloten, der den Ferrari-Rennleiter ohrfeigte, seinem Mechaniker Schraubenschlüssel nachschmiß: Jean Behra. Aber wenn es um seinen Pudel ging, hatte er, wie Wiener sagen, „ein patzweiches Herz".

In Monza wird sogar das Training abgebrochen, weil der Pudel des Rennfahrers aus dessen Auto am Parkplatz gestohlen wurde – durchs halb geöffnete Fenster.

„Gib mir den Pudel zurück! Ich schenk' dir von mir aus mein Auto. Hier spricht Jean Behra, der Maserati-Pilot!" dröhnt es über Lautsprecher im Autodrom. Die Story hat ein Happy-End.

Alle französischen Rennfahrer lieben Hunde. Von Patrick Depailler bis Alain Prost und Jean Alesi.

Jean-Pierre Jarier zog sich einmal mit seinem Hund wochenlang in die Dünen der Bretagne zurück, „um über meine Formel-I-Zukunft nachzudenken": Die war dem Hund vermutlich Wurscht, aber er hatte lange Zeit optimalen Auslauf.

Jody Scheckter, Ferraris letzter Weltmeister vor Schumacher, hatte in Südafrika als Wachhund einen „Rhodesian Ridgeback" mit der für diese Rasse typischen Frisur: aufgestelltes Rückenhaar, quasi „gegen den Strich" frisiert.

Jackie Stewart – dreifacher Weltmeister und früher Jochen Rindts größter Gegner – hat in seinem „Clayton Haus“ am Genfer See einen Norfolk-Terrier namens *Boss*. Wer glaubt, Jackie wäre zu Hause der „Alpha-Hund“, der irrt: „*Boss* ist bei uns zu Hause der wahre Chef. Großartiger Charakter. Er kontrolliert das ganze Haus.“

Dazu kommt *Bugsy,* ein schwarzer Labrador: „Sehr nett, sehr elegant.“

Aber 1998 fängt Stewart an, seinen ganzen Haushalt nach England zu verlegen: Am 30. Juni eröffnet er seine neue Formel-I-Fabrik mit prominenten Stargästen: Prinzessin Anne, 007 Sean Connery, der Rothschild-Familie und der Ford-Familie.

Privat hat Stewart ein Appartement in London und eins in Sunnydale.

„Die Villa am Genfer See“, verrät er, „hab' ich für drei Jahre an den Popstar Phil Collins vermietet. Natür-

*Zu Hause bei Stewarts: Helen mit dem schwarzen Labrador Bugsy und Terrier Boss . . .*

*. . . von dem Jackie sagt: „Er ist bei uns der wahre Chef, der alles kontrolliert."*

lich ohne meine Frau Helen – und ohne die Hunde . . ."
Für *Boss* und *Bugsy* kauft er jetzt ein Haus in England: sein Zuhause für die nächsten Jahre. Denn: „Du bist nur dort zu Hause, wo deine Hunde sind. Denn deine Frau oder Freundin kannst du überallhin mitnehmen – deine Hunde aber nicht."
*„Your home is where your dog is"*, heißt das im singenden Stewart-Originalton. Wer will bestreiten, daß er recht hat?
Stewart mochte schon als Bub Hunde: „Einen Springer-Spaniel namens *Prince,* der neun Jahre alt wurde. Helen hatte einen Labrador und einen Boxer."
Jackies Schlußwort: *„I love my dogs.* Und ich beobachte immer wieder: Wer Hunde mag, kann gar kein schlechter Mensch sein."
Meine Großmutter, die rüstige, aus Polen stammende

*Schaut kaum über den Tisch, ist aber der große Chef: Terrier Boss.*

Ludmilla, hat das einst noch drastischer formuliert: „Wer Tiere nicht mag, ist nicht wert, unter Menschen zu sein."

Leider übersah sie einmal ihren Sittich, der auf dem Fußboden spazierenging. Und der hat den Crash-Test nicht überlebt.

Der berühmte Jim Clark hatte auf seiner Farm in Edington Mains einen Collie und dazu einige Schäferhunde – wegen der Schafherde.

James Hunt, Niki Laudas größter WM-Rivale im verregneten Fuji-Finale 1976, liebte seinen Schäferhund *Oscar.* Wirklich sein bester Freund: Er nahm ihn mit, als er nach Spanien übersiedelte, und hatte ihn auch auf dem Golfplatz jedesmal bei sich.

Als Niki Lauda 1977, nicht ganz friedlich, von Ferrari weggeht, hört er über seinen Nachfolger interes-

sante Infos: „Villeneuve, Frau, zwei Kinder, ein Hund. Kommt immer im Wohnwagen, mit der kompletten Familie, zu allen Rennen. Wenn ich mir jetzt das Chaos in der Ferrari-Box vorstelle: Villeneuve, Frau, zwei Kinder, ein Hund . . ."
Jacques, der Weltmeister 1997, hat von seinem Vater Gilles nicht nur das Talent geerbt. Sondern auch die Tierliebe.
1995 die erste Sternstunde: Villeneuve gewinnt sensationell die 500 Meilen von Indianapolis. Am gleichen Tag kaufen er und sein Freund und Manager Craig Pollock – früher sein Schuldirektor im Schweizer Internat – zwei Golden Retriever.
„Preis: je 1500 Dollar", erinnert sich Jacques.

*Jacques Villeneuve, der Canadian Kid, wie ihn keiner kennt: mit seinen Golden Retrievers Bimbo und Dr. Max.*

Die Villeneuve-Hündin heißt *Bimbo,* „weil sie so schön ist", der Pollock-Hund *Dr. Max.* Vielleicht, weil Craig schon damals an sein eigenes Formel-I-Team und den FIA-Präsidenten Max Mosley dachte?
Leider stirbt *Dr. Max* nach eineinhalb Jahren an einem Nierenleiden und wird durch den Labrador *Floppy* ersetzt. *Bimbo* erfreut sich bester Gesundheit, wird heute von Craigs Kindern betreut. Und wann immer Villeneuve, der Champion, heimkommt, wird er auf stürmischste Weise begrüßt.

Alain Prost, mit 51 Siegen der erfolgreichste Formel-I-Pilot, hat drei Hunde: den Labrador *Faset,* den Coco-Americain *Bimba* und den Yorkshire *Cookie,* alle aufgewachsen in guter Luft: aufgeteilt zwischen seinen Adressen am Genfer See und in Biarritz.
Alains Großmutter wurde 99 Jahre alt – und ging bis zuletzt selbst einkaufen. Seine Mutter hatte mit ihrem Pudel Pech: *Phi-Phi* wurde, trotz langer Leine, in Cannes überfahren.
David Coulthard ist der „Highlander" der Formel I. „Als Bub hatte ich im schottischen Hochland, meiner Heimat, einen Collie. Jetzt hab' ich keinen Hund. Aber meine Freundin Heidi liebt Hunde – also werden wir unsere Familie bald vergrößern . . ."
Das Hundeproblem der Rennfahrer formuliert Martin Brundle so: „Wir sind ja alle das halbe Jahr weg, nur das halbe Jahr zu Hause. Das ist nicht gut für Tiere." Für Kinder auch nicht. Oder umgekehrt?
Sportwagenrennen in Amerika sind Stahlgewitter. Eine Szene aus dem knallharten US-Rennbusineß macht dies deutlich. Unmittelbar vorm entscheidenden Finalrennen klopft Brundles erbittertster Rivale an die Fensterscheiben und droht seinem Gegner mit

gefährlich tiefer Stimme: „*Don't forget your children* – denk an deine Kinder!"
Martin, erschrocken, geht vom Gas. Und seine Kinder heute? „Die wünschen sich unbedingt einen Hund, also muß ich wohl . . ."
Damon Hill, der Weltmeister von 1996, hat zu Hause vier Kinder. „Das sind genug Kuscheltiere . . ." Er selber besaß als Bub einen Golden Retriever, genannt *Honey.*
Überhaupt: Als Vater Graham noch lebte, war das Hill-Anwesen in Mill Hill fast „Brehms Tierleben" auf englisch: „Wir hatten sieben Hunde, alles Puppies, eine Katze und sogar zwei Pferde." Die anderen PS kamen später: Damon Hill fuhr Motorrad, machte aber erst mit 24 den Autoführerschein.
Johnny Herbert hat zu Hause einen Labradorhund, *Bianca,* wie die erste Frau von Mick Jagger.
Riccardo Rosset hat ein Meerschweinchen namens *Hetty,* aber einen Beagle namens *Poppy* mit sechs Monaten weggegeben – genau wie Pedro Diniz seinen Cockerspaniel, den er *Elvis Presley* nannte –, als er von Brasilien nach Europa zog.
*Elvis Presley* kam bei guten Freunden unter: „Dem Herrl war also seine Formel-I-Karriere wichtiger als ich . . ."

Mika Hakkinen ist heute der schnellste Mann der Formel I – mit dem langsamsten Haustier: einer Schildkröte, die ihm seine finnische Frau Erja schon 1995 geschenkt hat. Sie heißt *Caroline,* wie die Prinzessin von Monte Carlo.
Warum ausgerechnet eine Schildkröte, Mika?
„Mir gefällt an ihr, daß sie so langsam ist . . ."
Hakkinen ist nicht nur mit Motoren aufgewachsen,

*Superstar Mika Hakkinen hat zu Hause nur eine Schildkröte – den Hund Cookie hat sein Manager mitgebracht.*

sondern auch mit Haustieren: Seine Eltern – der Vater ist Chefnavigator für einlaufende Schiffe im Hafen von Helsinki – hatten immer Hunde.

Rubens Barrichello, der schnellste Brasilianer, hat zwei Labradorhunde: *Allegra* und *Ferra.*

Mika Salo, der zweite, nicht ganz so schnell wie Hakkinen fliegende Finne, hat zu Hause in Helsinki noch heute eine Katze.

Jean Alesi – fünf Jahre lang Bergers Stallkollege bei Ferrari und Benetton – hat auch seinem französischen Bulldog fast Sprit ins Futter gemischt: „Ich nenne ihn *Tazio* – wie den berühmten italienischen Rennfahrer der dreißiger Jahre!“ Dessen Kriegsname war: „Das Ledergesicht aus Mantua“, erinnere ich Alesi an Tazio Nuvolari.

Er nickt: „Mein *Tazio* ist aber genauso tapfer . . .“

*Rubens Barrichello hat zwei Labradorhunde, mag aber auch Schäfer.*

Das Haus in Avignon bewachen zwei Schäferhunde: *Pirus* und *Grisby*. Alesi ist mit der reizenden japanischen Filmschauspielerin Kumiko verheiratet. „Aber jetzt spielt sie nur noch ihre Lieblingsrolle: Mutter unserer kleinen Tochter Elena."
Papa Jean Alesi hat ihr jetzt zehn Hühner geschenkt: „Damit sie jeden Morgen sieht, wie ihr Frühstücksei entsteht – die Wunder der Natur . . ."
Heinz-Harald Frentzen hat in seinem Monte-Carlo-Appartement „keine Tiere, nicht einmal eine Schildkröte. Wäre auch verantwortungslos. Aber meine Freundin Tanja hatte mal eine Katze."

*Treu wie seine Schäferhunde: Jean Alesi war fünf Jahre lang Teamkollege von Gerhard Berger.*

„Crazy Eddie", der Ire Eddie Irvine, ist im Gebrauchtwagenhandel und auf Schrottplätzen aufgewachsen – also hat er auch den passenden Hund: „Eine Promenadenmischung. Nicht sehr schön, aber sehr, sehr clever." Eben ein Straßenkämpfer und *Survivor.*
Oliver Panis, auf dem Land zu Hause, hatte schon als Bub immer deutsche Schäferhunde. „Ich gab allen phantasievolle, romantische Namen aus französischen Märchen." Heute streichelt er einen Pekinesen.
Ferrari bewacht heute sein Werkgelände, seine Technologie, seine Autos und Fahrer mit schärfster Security – aber ohne Hunde. „Meine Familie zu Hause hat ein paar Haustiere. Und meine Haushälterin in Maranello ein paar Hunde", erzählt Rennchef Jean Todt.

Alexander Wurz, unser aktueller Formel-I-Fahrer, stammt aus dem Waldviertel: aus Eggern bei Heidenreichstein, nahe an der Grenze. „Wir hatten immer Katzen. Auch einen Spaniel." Und heute? „Mag ich keine Insekten und Spinnen. Aber mir gefallen Adler – da denk' ich immer ans Skispringen. Und Delphine und Pinguine."

Mit denen er 1997 – nach einem GT-Rennen in Laguna Seca, Kalifornien – bei einem Tauchabenteuer auf Hawaii Freundschaft geschlossen hat.

Und weil du alles von der Technik her analysierst, Alex: deine Eindrücke?

„Pinguine paddeln nicht, sondern funktionieren wie ein Propeller. Sie benützen ihre Bewegungen besser für Geschwindigkeit als jedes Auto."

Und bei den munteren Delphinen? „Hat sich die Technik sehr viel von der Natur abgeschaut: Ich denk' nur an die Tragflächen der Flugzeuge und die Vorderflügel-Endplatten bei unseren Formel-I-Autos . . ."

Auch sein Benetton-Teamkollege Giancarlo Fisichella „mag Hunde weniger, eher Vögel und Fische. Besonders Pappagalli – brasilianische Papageien. Und wenn ich einmal reich und berühmt bin, bau' ich mir in Rom einen großen Salzwasser-Swimmingpool – für einen Baby-Hai."

Aber vorher muß er sich noch durchbeißen: zum ersten italienischen Weltmeister seit fast 50 Jahren.

Wurz lebt heute in Perchtoldsdorf und in einem Appartement in Monte Carlo, sein Benetton-Rennchef David Richards – dem Popstar Joe Cocker zum Verwechseln ähnlich – auf einem wunderschönen, riesengroßen Landsitz zwischen Oxford und der Shakespeare-Stadt Stratford.

In einem eigenen Paradies mit Familie und vielen

Tieren: drei Hunden, sechs Pferden, unzähligen Enten: „Wir haben ja einen eigenen See."
Die zwei Labradore heißen *Gumby* und *Hetty,* der kleine Scottie wurde *Lottie* getauft. Lauter Mädchennamen? „Es sind ja auch alles Girls . . ."
Die sechs Pferde reitet Mrs. Richards. „Keine Turnierpferde, meine Frau liebt aber die Jagd."

*Unzertrennliches Duo: Jan Magnussen und seine Dogge, sowohl Trainings- als auch Spielkamerad.*

Noch tierliebender ist nur Rennfahrerkollege und RTL-Kommentator Christian Danner: drei Hunde, fünf Katzen und fünf Pferde – alles Lusitaner, die portugiesischen Stierkampfpferde.
„Gehören zu den ältesten Sattelpferderassen der Welt“, schwärmt Danner von seinen „barocken Pferden“. Denn: „Wann immer du einen König aus Bronze entdeckst, sitzt er zu 99 Prozent auf einem iberischen Pferd – entweder Andalusier oder Lusitaner. Sogar die Lipizzaner stammen ja großteils von Lusitanern ab: Ein Deckhengst ist immer im Gestüt in Piber, um die Zucht ein bissl anzupfeffern.
Heute sitzen die großen Herrscher entweder in einem Ferrari oder in einem Rolls-Royce – früher saßen die Könige halt auf einem Andalusier oder Lusitaner.“
Danner mag die PS lieber im Rennauto, seine Frau Nicole – auch als Fotografin eine Künstlerin – aber reitet Shownummern, meist gemeinsam mit Nicole Uphoff, der zweifachen Olympiasiegerin, der erfolgreichsten Dressurreiterin aller Zeiten.
Christians fünf Katzen? „Sind zum Teil zugelaufen, zum Teil aus dem Tierheim. Und ganz gemischt – da ist jede Farbe drin.“
Seine Hunde hat er aus England, peu à peu um je 200 Pfund gekauft und nach Weilheim mitgebracht: sechs Hektar Grund, nur 4 km vom Starnberger See. „Da ist genügend Auslauf.“
Ein anglophiler Mensch wie Danner kann nur englische Hunde haben – genauer gesagt: englische Hundeladys. Der weiße Westhighland-Terrier heißt *Daisy,* der cockergraue Cairn-Terrier *Dusty* und der etwas elegantere flat-coated, also schwarze Retriever heißt *Shadow.* Alles very British.

Zu Tom Walkinshaw, dem bulligen Exrennfahrer, Teamchef und Autoindustriellen, würde am ehesten eine Bulldogge passen. „Ich hab' aber einen belgischen Schäferhund, so ein ganz liebes, riesiges Trumm."
Er heißt *Dino*. „Aber nach den Flintstones – und nicht nach Ferrari . . ."
Dazu kommt ein kleiner schottischer Terrier. „Mein großer Sohn hat den kleinen Hund, mein kleiner Sohn den großen Hund."
Peter Sauber, der Schweizer Teamchef, hat eine Labradorhündin namens *Jenny* für zu Hause – die Rennwagenfabrik bewachen ein paar elektrische Schäferhunde: ein stromgeladener Zaun.
Sein Konstrukteur Leo Ress dagegen könnte eigenen Hunden das viele Alleinsein nicht zumuten: „Die armen Kerle würden entweder verhungern – oder die Nachbarn auffressen . . ."
Einer der besten Formel-I-Konstrukteure ist Dr. Harvey Postlethwaite. Aber „Mein Freund Harvey" – im berühmten Film mit dem weißen Hasen – war natürlich nicht er, sondern James Stewart.

Jochen Rindt, Österreichs erster Formel-I-Weltmeister, war 1970 ganz stolz auf seine „Beagle": ein Hundename für ein Privatflugzeug, das sich Jochen mit Bernie Ecclestone geteilt hatte. Genannt die „Eccles-Air" oder „Rindt-Stone-Airlines".
Jochen am Steuerknüppel war ein Erlebnis. Aber noch besser, wenn er als Navigator die Fährte zwischen den einzelnen Funkfeuern aufnahm oder auf der Karte nachforschte: „Ich muß auch so tun wie der Pilot . . ."
Seine Witwe Nina, deren dritte Ehe gerade gescheitert ist, bekam nach Natascha und Tamara auch ei-

nen Sohn: Anthony ist jetzt 15 und hat als liebste Spielgefährten seine Hunde: drei Labradore, zwei schwarze, *Bonnie* und *Boula,* und einen weißen. Den taufte er, als echter Fußballfan, *Baggio.*
Gut, daß es beim Hundefußball kein WM-Finale mit Elferschießen gibt wie 1994 bei Brasilien – Italien in den USA: Was dem zweibeinigen Roberto Baggio passiert ist, kann dem vierpfotigen *Baggio* nie drohen.
Dr. Helmut Marko – immer noch Rekordsieger des 24-Stunden-Rennens von Le Mans, Rindt-Schulfreund, Exrennfahrer und heute Österreichs Talenteentdecker Nummer 1 – ist immer einer Hunderasse treu geblieben: den Neufundländern.
„In der Porsche-Garage von Spa habe ich zum erstenmal einen gesehen. Ich hab' mich auf der Stelle in diese Rasse verliebt", gesteht Marko. „Ihr teddybärhaftes Aussehen, ihre immense Zutraulichkeit haben mir sofort gefallen. Dazu kommt noch ihre außergewöhnliche Kinderliebe. Und weil damals gerade meine Kinder zur Welt kamen, ich aber noch pausenlos im Renneinsatz war, haben meine Neufundländer auch gleichzeitig die Aufzucht meiner Kinder übernommen . . ."
Markos erster Neufundländer hieß *Gustav,* nach einem deutschen Manager. Sein zweiter *Artus,* nicht nur ein historischer, sondern auch ein sehr stattlicher Hund. Sein dritter *Tilo,* „weil mich gerade ein angehender Rennfahrer namens Tilo Berlin anrief, als *Tilo* zur Welt kam".
Heute ist Rennfahrer Marko bereits bei Startnummer 4 und 5 angelangt: Sie heißen *Luca* und *Moritz,* 8 und 9 Jahre alt. „Meine vorherigen Neufundländer sind alle 10 bis 11 geworden."
Als ich mit Gerhard Bergers ältester Tochter Christi-

na vor zehn Jahren das erste TV-Interview machte, drehte sie beim Reden ihren Hamster über die Rundbürste. Jetzt hat die junge Dame zwei Katzen und einen Käfer: ihr allererstes Auto ist ein VW. Das Benzin zahlt der Papa.
Und Gerhard überlegt für seine kleinen Töchter Sara-Maria und Heidi: welche Haustiere?
„Ich hatte früher, als ich wegen der Berufsschule in Kufstein bei meiner Tante wohnte, einen Cockerspaniel – mit langen Ohren. Ich hab' ihn gern mögen. Leider ist er dann unter ein Auto gekommen – das hat mir weh getan." Ich kann's ihm nachfühlen.

Emerson Fittipaldi, auch ein Lauda-Gegner von seinerzeit, lebte früher wie in einem Zoo: Hunde, Vögel, ja sogar ein Affe – von seiner ersten Frau Maria-Helene in die Ehe mitgebracht. Die zwei kleinen Hunde heißen *Tonino* und *Tinoco:* Erinnert fast an Pamino und Pamina in Mozarts „Zauberflöte".
Und der deutsche Schäferhund hieß *McLaren* – weil Emerson 1974 gerade für McLaren fuhr und Weltmeister wurde.
Leider wurde *McLaren* zuviel gefüttert. Nicht mit Sprit, sondern mit Kraftfutter. Nach eineinhalb Jahren war der Schäferhund tot: das Herz.
Nelson Piquet, der brasilianische Playboy-Rennfahrer, hat heute fünf Kinder mit vier verschiedenen Frauen – und sechs Hunde. Rhodesian Ridgebacks, die er alle nach Rennfahrerkollegen getauft hat: von *Niki Lauda* bis *Lella Lombardi.* Und sogar *Ayrton Senna.*
Walter Wolf und sein Pilot Jody Scheckter waren 1977 die schärfsten Gegner von Niki Lauda auf dessen Weg zum zweiten WM-Titel. Niki sagte zu Wolf

immer „Coyote“, auch wenn Wolf damals fand: „Bernie ist scharf wie Dobermann.“
Natürlich hat der Austro-Kanadier auch heute noch die passenden Hunde: zwei Rottweiler aus einer Zucht in Wien. Sie heißen *Dax* und *Dux*. Der eine paßt auf die Wolf-Ranch in den Rocky Mountains (Westkanada) auf, der andere auf ganz Marburg.
„Und die haben mehr Hirn als manche Fahrer und Manager in der Formel I . . .“
Als irgendwann der Vorwurf auftaucht: 80.000 Verkehrstote in Österreich seit 1945 nur deshalb, weil das Fernsehen Formel I überträgt, dementiert Walter Wolf live im TV, deftig und in seinem Sprachen-Kauderwelsch: „Das waren nicht Esterreicher, sondern Grieche und Turk, was noch nie gesehen hat Formel I. Da ist Hund gestorben.“ Gemeint hat er natürlich: Da liegt der Hund begraben.

Beim Grand Prix von Kanada in Montreal – auf der Weltausstellungsinsel „Notre-Dame“ im Sankt-Lorenz-Strom – wimmelt es stets von Möwen. Hartgesottene Formel-I-Mechaniker nennen sie *„flying rats“:* fliegende Ratten. Von der „Möwe Jonathan“ haben die wenigsten gehört.
Einmal rast ein Mechanikerauto, vollgepackt mit frustrierten Männern – hungrig, übermüdet, erfolglos und ohne Prämien –, direkt in einen Möwenschwarm.
Der italienische Rennfahrer Ivan Capelli, der das Möwenmassaker auf der Brücke miterlebt, ist entsetzt. Weinend klaubt er die abgebrochenen Flügel zusammen. Heute ist der frühere Ferrari-Werkfahrer TV-Kommentator. Und viele sagen: Capelli war zu soft für die Formel I.

# Vier Pfoten im Schnee

## *Star aller Skihunde: „Babsi" von Serge Lang*

Skilegende Toni Sailer – siebenfacher Goldmedaillengewinner von Cortina d'Ampezzo 1956 und Badgastein 1958 – hat zu Hause einen Wolfsspitz. „Der älteste reinrassige Wachhund der Welt, noch aus der Zeit der Pfahlbauten. Die Menschen haben oben gelebt, der Hund hat unten aufgepaßt", weiß der „goldene Tonai".

Sein Wolfsspitz heißt *Scharik.* Russischer Name, übersetzt „Die schwarze Kugel". Wie Toni Sailers Sohn Florian als neunjähriger Bub in einem russischen Märchen gelesen hat.

Klein, rund, schwarz und zottelig: Paßte genau auf den Hund, der am 11. November schon seinen 14. Geburtstag hat. Toni feiert jedes Jahr genau sechs Tage später.

Unvergeßlich für alle Freunde, die dabei waren, sein 60. Geburtstag. Da stieg der Skiheld, der auch als Filmstar und Schauspieler große Erfolge gefeiert hatte, nochmals auf die Bühne und sang: „Am Fudschijama blüht kein Edelweiß . . ."

Da war *Scharik* – auch mit Talenten zum Schlitten- oder Lawinenhund – ausnahmsweise nicht dabei. Sonst immer. „Sehr familienanhänglich, liebt Kinder über alles, genau wie Haus und Hof, braucht keinen Zaun und läuft nie weg."

Aber alle Skitouristen, die im Winter am Haus des Skichampions in Gundhabing, etwas außerhalb von Kitzbühel, vorbeikommen, kann Sailer beruhigen: „Er schaut gefährlicher aus, als er ist. Er bellt gern,

ist aber nicht aggressiv. Außer, jemand hat ihn einmal geärgert. Das vergißt er nie!“
Energisch, aber diszipliniert. Tonis Freunde sind auch seine Freunde. Nur einen einzigen knurrt er jedesmal an, zwickt ihn bei jedem Besuch ins Wadl.
Aber das ist kein Bösewicht mit finsterem G’schau, dem man mißtrauisch begegnen muß. Sondern, ganz im Gegenteil, ein Sonnyboy, den Millionen Mädchen und Schwiegermütter tausendmal lieber streicheln und abbusseln als beißen würden: Hansi Hinterseer – ausgerechnet er.
„Ich weiß selber nicht, warum“, grübelt Toni Sailer, „vielleicht hat ihn der Hansi einmal schief angeschaut oder beleidigt – und der Hund hat sich das gemerkt . . .“
Hinterseer kennt den Grund:
„Vor Jahren besuchte ich den Toni mit meiner kleinen Tochter Jessica. Plötzlich seh’ ich bei der Eingangstür: Tonis Polarhund zwickt meine Kleine in den Hintern. Darauf kriegt er natürlich von mir sofort einen Spitz – und das hat er sich offenbar gemerkt.“
Wann immer Hansi – mit oder ohne Jessica – auf dem Einfahrtsweg zum Sailer-Haus auftaucht, knurrt ihn *Scharik* schon an. Sogar zu Weihnachten, wenn der blonde Feschak mit einem Packerl auftaucht.
„Herzlichst Ihr Hansi Hinterseer“ gilt für alle, nur nicht für Toni Sailers Hund. „Dabei hab’ ich Tiere echt gern und auch immer selber Hunde gehabt. Sogar vier Schäfer, an die ich mich erinnern kann: den *Rex,* die *Astra,* den *Blitz* . . . Und der *Rex* war besonders sensationell!
Kindheitserinnerung: „Wenn ich als kleiner Bub von

der Seidlalm hinunter nach Kitzbühel geh', marschiert der *Rex* immer an der Seite der Schlucht, nie an der Seite vom Berg. So paßt er auf mich auf – damit mir ja nix passiert."
Als aber während des Hahnenkammrennens 1967 auf der Seidlalm seiner Oma die Würstel ausgehen, muß Hansi Hinterseer auf Skiern hinunter nach Kitzbühel zum Fleischhauer – ohne *Rex*.
Toni Sailer war immer der „schwarze Blitz aus Kitz", sein großer Gegner Anderl Molterer der „blonde Blitz aus Kitz". Wenn Sailer gewann, war Molterer meist Zweiter.
Anderl hat im US-Nobelskiort Vail die „amerikanische Karriere" gemacht: Skiprofi, Sport-Shop mit dem Schild am Eingang: „No food, no pets". Kein Essen mitbringen, keine Haustiere – sorry.
Fast würde man nicht glauben, wer der wahre Chef im Haus von Anderl Molterer und seiner amerikanischen Langzeitfreundin Kate ist: ein Dackel.
„Wenn der Hund nicht mit ist, geht bei denen überhaupt nix. Da sind schon große Abendessen geplatzt", weiß Sailer.

Heini Messner hatte im Kneissl-Rennstall einen übermächtigen Rivalen: Karl Schranz. Jetzt kämpft der immer bescheidene, stille Heini aus Gries am Brenner zu Hause um die Position der Nummer 1.
„Ich hab' einen Schäferhund. Mit dem hab' ich schon ganz nette, happige Sachen erlebt: Wenn er versucht, der Herr zu sein!"
Schäferhunde sind genauso Rudeltiere wie Skirennläufer: Jeder trachtet, der Beste zu sein, und das heißt manchmal auch attackieren – steckt wahrscheinlich in jedem Hund drin. Normal sehr fried-

lich, aber aufpassen, wenn einer der Chef werden will . . .
Sailers Bruder Rudi, auch ein Exrennläufer und heute Chef der Kinderskischule Kitzbühel, hat einen Schäfermischling. „Der ist gemütlicher . . .“

Karl Schranz, früher der „einsame Wolf vom Arlberg“, hatte am alten Bauernhof in St. Anton immer Tiere: „Kühe, Ziegen, Schafe, Schweindln, Hendln, Katzen. Aber nie Hunde – bis auf den Berner Sennenhund meiner Großeltern.“
Das gilt auch heute. Österreichs letzter Weltcupgesamtsieger vor Hermann Maier als einziger Rüde in einem damenhaft dominierten Haushalt: Ehefrau Evelyn und die drei Töchter Anna-Maria, Christiane, Katharin.
Dazu kommen zwei Meerschweinchen, zwei Hasen und natürlich die Katze *Gari,* klarerweise benannt nach Garfield.
„Aber Hunde und Katzen“, fürchtet Schranz, „passen halt leider nicht zusammen . . .“
Dafür sind die Schranz-Töchter begeisterte Reiterinnen: Eine Cousine hat zwölf Pferde in Pettneu, und auch beim Schwimmbad von St. Anton gibt es neuerdings einen Reitstall. Rechtzeitig vor der WM 2002.

16 Jahre nach Cortina 1956 wurde Toni Sailer österreichischer Skichef. Sein Premierenrennen: 7. Dezember 1972 in Val d'Isère.
Ein historisches Datum. An diesem Tag liegt die hochschwangere bildhübsche Salzburger Skilehrerin Gertraud aus Flachau in der Entbindungsanstalt Altenmarkt im Pongau.
„Die Ärzte sind wegen mir schon ganz verzweifelt.

Die Wehen haben längst eingesetzt, aber ich bitte alle: Laßt's mir noch ein bissl Zeit mit der Geburt – ich muß noch das Skirennen fertigschauen . . ."
Es dauert ungewöhnlich lang: David Zwilling führt mit Startnummer 25, aber dann gewinnt Reinhard Tritscher mit 39. Erst dann ist Gertraud bereit für ihr Baby – zum Start ins Leben.
Bei einer solchen Geburt kann nur ein großer Skichampion draus werden. Wird er auch: Hermann Maier.
Wie oft gehen der neue Ski-Superstar Hermann Maier und seine Freundin Petra miteinander Ski laufen? „Fast nie – insgesamt nur viermal in den ganzen acht Jahren." Aber nicht, weil ein Außerirdischer ein Erdenmädchen nicht so gern in seiner Spur fahren läßt.
„Ganz im Gegenteil", lächelt Petra, „da ist er total lieb, wenn er mit mir Ski läuft – und irrsinnig geduldig. Aber wenn er vom Skirennen heimkommt, kann ich ja nicht sagen: Hermann, ich möcht' mit dir Ski laufen gehen!"
Maier ist extrem tierliebend. Einmal bittet ihn eine Freundin, doch zwei Wochen lang auf ihren Chihuahua-Hund *Puschl* aufzupassen. Die zwei Wochen sind längst um, aber der Hund ist beim Hermann geblieben.
„Ein total lieber Hund. Der zweite, den er begrüßt, wenn er nach Hause kommt", ist Petra überhaupt nicht eifersüchtig – warum auch?
Und auch der Nachbarhund von gegenüber tobt oft beim Hermann. „Der geht überall mit." Sogar zum Fußball. Wenn der Hermann vorm Haus dribbelt, spielt der Hund so lange mit, bis er keine Luft mehr kriegt. Der Hund, nicht der Hermann.

Da vergißt er glatt die Zeit – was öfters passieren kann. Auch im Weltcup.

Und wie hat Toni Sailer als Skichef sein Rudel von Rennläufern zusammengehalten? „Das Herrenteam“, ist seine Philosophie, „mußt du eisern zusammenschweißen – sonst macht bald jeder sein eigenes Programm.“ Aber das Damenteam? „Das mußt du sofort spalten, mußt sofort einen Keil reintreiben, bis du zwei rivalisierende Gruppen hast. Im Idealfall mit zwei Spitzenläuferinnen, die einander hassen.“

Und die hat's gegeben. Wenn im Damenskirennsport je der Ausdruck „wie Hund und Katz“ berechtigt war, dann für Annemarie Pröll und Monika Kaserer.

Monika gewinnt in Grindelwald 1973 ihren ersten Slalom.

Nach ihrer Meinung hab' ich ihren Triumph vorm TV-Mikro zuwenig bejubelt, eher den Pröll-Ausfall wegen Einfädelns zu sehr betrauert.

In St-Gervais revanchiert sich Annemarie, aber in Les Contamines gewinnt wieder Monika, und ich übertrage im Radio, in 3000 Meter Höhe, mit dem Mikro im Freien.

„Monika Kaserer“, winke ich die Siegerin zu mir, „im Namen aller Radiohörer herzlichen Glückwunsch zum heutigen Sieg!“

„Mit dir red' i nix“, sagte die Kaserer trotzig.

Darauf ich: „Sie hören, liebe Sportfreunde, die Siegerin muß noch etwas verschnaufen, das schwere Rennen, die dünne Luft . . .“

„Na“, unterbricht Kaserer, „i red' auch später nix. Red mit der Annemarie . . .“

In Wien spielen hellhörige Techniker sofort Popmusik vom Tonband ein. „Entschuldigen Sie, liebe

Sportfreunde, wir haben Leitungsstörungen mit Frankreich . . .!“ So ist das, wenn Katzen beißen. Sogar im Schnee.

In der Küche des „Café Annemarie“ von Kleinarl im Pongau, schräg hinter der Vitrine mit den unglaublich vielen Pokalen, hängt ein Faksimile: „Zehn Bitten eines Hundes an den Menschen.“
Formuliert hat sie der steirische Züchter Wolfgang Wachter aus Neumarkt – als einfühlsamer Ghostwriter der Hunde. Er hat sie mir für die Einleitung zum *Grimaldi*-Buch geborgt.
„Wenn man das liest“, sagt Annemarie Moser-Pröll, die als erfolgreichste Skirennläuferin aller Zeiten unerbittlich hart, ohne Mitleid mit geschlagenen Gegnerinnen zu sechs Weltcupgesamtsiegen, WM-Titeln, dem Olympiasieg und 63 Weltcuprennsiegen gerast war, „kommen einem die Tränen.“
Wie damals, als sie ihren letzten Schäferhund einschläfern lassen mußte. Sie heulte schon im Wartezimmer.
„Geht’s den anderen auch so?“ fragte sie die Tierärztin.
„Allen. Auch den Männern.“
„Weil dich ja doch soviel mit einem Tier verbindet“, weiß die Annemarie. „Wir hatten immer Schäferhunde, immer zu zweit. Die *Penny* mit dem *Uri,* den *Bosco* mit der *Tessa.* Früher, als ich noch Rennen gefahren bin. Eher zur Bewachung. Weil da auch eine schlechte Zeit mit den Drohungen war.“
Vor allem wegen Sapporo 1972: Karl Schranz war disqualifiziert, aber die Mannschaftsführung beschloß: Alle anderen bleiben in Japan und kämpfen weiter.

Gekämpft wurde schon oben, am Bergbauernhof der Pröll-Eltern, erzählt die Familienchronik. „70 Meter daneben wohnt der Onkel Hans mit seinem Hasenstall. Eines Tages brechen die Hunde aus, räumen den Hasenstall aus. Der Onkel Hans glaubt an Tollwut, weil damals Tollwutverdacht war, und bringt die Hasen zur Gendarmerie."
„Na ja", seufzt Annemarie, „die Triebe."
„Wenn die Schäfer zu zweit sind, ist es ärger. Das tu' ich mir heut nimmer an – zuviel Arbeit. Jetzt hab' ich a Ruh' – und mir darum einen Kleinen zugelegt."
Den Jagdhund *Fricka von Boschgut,* wie er mit vollem Adelsprädikat heißt. Ein reinrassiger steirischer Brandesslbracke. Ein Gebirgs-Schweißhund, was aus der Jagdsprache kommt. Schweiß heißt Blut."
Wo immer Annemarie, Herbert oder ihre Tochter Marion sind – die *Fricka* ist seit zwei Jahren immer dabei.
„So einen Hund hab' ich noch nie gehabt. Irrsinnig intelligent, auch familienbezogen. Aber alles natürlich eine Folge dessen, wie man sich mit dem Hund beschäftigt."
*Fricka* räumt sicher keinen Hasenstall mehr aus.
„Früher", grinst die humorvolle Annamirl, „wollten alle das Hochzeitsfoto vom Herbert und mir. Jetzt: Fotos mit meinen Hunden." Und wenn die Touristen – die unverändert Kleinarl wie einen Wallfahrtsort stürmen – selber fotografieren wollen?
„Früher immer meine Pokale. Jetzt am liebsten die Marion."
Marion, bald 16, ist Hobbyreiterin, sogar schon bei der Salzburger Landesmeisterschft. Im Sattel ihres braunen englischen Warmbluts *Secula:* genauso ehrgeizig wie früher die Mama auf Atomic-Skiern. „Aber

das Reiten ist auch eine Kostenfrage. Net billig, der Sport."

Als die Frau Moser noch das „Mädchen Pröll" war, gab es am Bergbauernhof immer einen Haflinger. Als sie ihren ersten Weltcup gewonnen hatte, lud ich sie zum Formel-I-Grand-Prix nach Madrid ein, Stierkampf inklusive – aber in die „Plaza del Toros" nie mehr wieder.

Ein temperamentvoller Stier warf das erste Pferd um. Auch das zweite Pferd, worauf der dritte Picador in die Arena reiten mußte. „Was glaubt's ihr", fragte Annemarie listig, „denkt sich der jetzt?"

Da genießt sie schon lieber den Ausblick auf die Ennskrax, die Gemsen und krault dazu ihren Jagdhund *Fricka.*

Als Österreichs charmantester „Pistenfloh" – Anita Wachter – 1988 als Kombinations-Olympiasiegerin von Calgary ins Montafon heimkehrt, wartet auf sie eine tolle Überraschung: Ihr Freund Rainer Salzgeber schenkt ihr zur Goldmedaille ein Hundebaby, das *Goldi* getauft wurde – aber sicher nicht wegen Andi Goldberger.

Das richtige Geschenk für die richtige Freundin: Anita und ihre Geschwister hatten zu Hause im Montafon immer viele Tiere: „Wellensittich, Meerschweinchen, Hamster, Hasen – und auch den Dackel *Hummel.*" Der das biblische Alter von 16 Jahren erreichte, „dann mußten wir ihn einschläfern lassen."

*Goldi* dagegen kam schon früher in den Hundehimmel: Von einem Auto überfahren, als er auf der Straße einer Dame nachrannte. Aber er hatte noch rechtzeitig für Nachwuchs gesorgt: Anita taufte ihn *Chivas.*

Warum? „Wirklich nicht, weil ich Whisky mag ... aber ich hab' den Namen einmal bei einem Hund gehört, und der hat mir gefallen. Mein nächster Hund, hab' ich mir ganz fest vorgenommen, heißt *Chivas*." Und der bescherte unserer x-fachen Medaillengewinnerin bei Olympia oder WM auch den größten Schreck: 1997 – während Anita in der spanischen Sierra Nevada um den WM-Titel kämpfte – traf *Chivas* zu Hause fast das Schicksal seines Vaters: auch er auf der Straße überfahren – aber er hat überlebt. „Der *Chivas*", lächelt der Tierarzt, „ist so ein harter Knochen." Und jetzt: längst wieder fit, wie Sportler sagen, und gesunde neun Jahre alt.

Die Bayerin Martina Ertl kann als Siegerin im Zielraum genauso jauchzen wie Hans-Joachim Stuck auf dem Siegerpodest jodelt, beklagt aber ihr ländliches Image: „Was kann ich denn dafür, daß mich alle Reporter immer nur im Kuhstall fotografieren wollen?"

Franz Klammer – stürmisch umjubelter Abfahrts-Olympiasieger 1976 – ist am Bauernhof in Mooswald bei Fresach „schon immer mit Katzen aufgewach-

*Das ist Klammers Neufundländerin Paula (9 Jahre alt).*

*Jung-Klammer mit Baby-Tigern.*

sen". Vielleicht fuhr er deshalb so katzenhaft über die schwierigsten Abfahrtspisten der Welt.
Am liebsten „übers bleckerte Eis", wenn auch Trainer Charly Kahr wußte: „Heut pfeifen die Komantschen!"
Später kam der englische Setter *Derek* dazu. Er ge-

hörte Klammers Frau Eva und wurde stolze 16 Jahre alt. Seinen Nachfolger fand Eva bei einem oberösterreichischen Züchter: die Neufundländerin *Paula,* heute 9. Dazu kam der Kater *Poldi.*
„Alle vertragen sich, alle lieben einander“, freut sich Hausherr Klammer mit seinem glucksenden Lachen. „Das klappt wunderbar.“ Auch mit den vielen Umzügen: „Wo immer wir sind, ob in Kärnten, Wien oder Vorarlberg – unsere Tiere haben mit dem Übersiedeln nie ein Problem. Sie haben halt drei Häuser ...“

Eine neue Variante: Hunde als Trainingsgefährten.
Egon Zimmermann – Olympiasieger 1964 in Innsbruck – rannte am Arlberg viele Kilometer mit seinen Hunden *Rolfi* und *Lux.*
Im Sommer zum Konditionstraining oder im Winter mit Langlaufskiern – wenn der Wachsgeruch in der Loipe für Rüden fast genauso aufregend ist wie eine läufige Hündin.
Michael Tritscher, das Slalom-As aus der großen Ära mit den beiden Thomas, Sykora und Stangassinger, hat das Zimmermann-Geheimtraining noch verfeinert: mit zwei Schlittenhunden.
„Es gibt vier Arten von reinrassigen Schlittenhunden: die Huskys, die Malamuten, die Grönlandhunde und die Samojeden. Das sind meine zwei.“
Die Samojeden sind ein Volksstamm aus Sibirien, der Hunde hält – soweit der Ursprung. Tritscher hat seine beiden Samojeden von einem oberösterreichischen Züchter. Sie heißen *Jako* und *Iri.*
„Beide sind Teddybären. *Jako* ist anhänglicher, *Iri* mehr freiheitsliebend. Der haut gelegentlich ab.“
Dann gibt es immer große Aufregung, wie im Winter

*Parallelslalom mit zwei Samojeden: Michael Tritscher mit Jako und Iri – während kurzer Trainingspause.*

1995/96, als *Iri* ganze 48 Stunden lang verschollen ist.
Tritscher ist schon ganz verzweifelt, startet sogar Aufrufe in „Autofahrer unterwegs“: Sein Samojede ist verschwunden. Man findet ihn endlich bei einem Bauern im hintersten Winkel der Ramsau.
Als Trainingspartner ist *Iri* verläßlicher, genau wie *Jako*. Lieblingsmethode: „Ich spann' die beiden in ein Geschirr, binde entweder die Puschka dran oder gleich mich selber – aber ich tauch' natürlich bergauf schon selber an, lass' mich nicht immer nur ziehen – ganz verschieden.“
Dank der knapp 90 Kilo von Tritscher können sich die beiden Samojeden richtig ausarbeiten – bis zu

20 Kilometer pro Tag. Schlittenhunde brauchen das. Schade, daß Tritscher jetzt nach elf Jahren Weltcup seine Karriere beenden mußte. Keine Rennen heißt: weniger Training. Hoffentlich wird *Jako* und *Iri* nicht allzu fad.
Auch Nora trainiert manchmal beim Stanglwirt in Going mit unserem Schlittenhund in der Langlaufspur, an einem Bauernhof vorbei – bis *Laika* ein Huhn entdeckt und sofort aus der Loipe rast.
Das Opfer hat keine Chance. „Und noch dazu", jammert die Bäuerin, „war es ein Bio-Hendl." Wir können uns mit 150 Schilling freikaufen. Ob das Michael Tritscher auch passiert?
Andere Hunde-Herrl unter den Skirennläufern haben oft unglücklich eingefädelt. Wenn sich die Herzdamen aus dem Leben unserer Skihelden vertschüssen, behalten sie oft auch gleich die Hunde – oder nehmen sie mit.
So verlor Slalomkönig Thomas Sykora seinen Mischling *Kevin,* jetzt hat er einen Border Collie namens *Flynnie* – benannt nach dem Filmstar Errol Flynn und dessen berühmtem Schnurrbart.
Bernhard Gstrein, der einmal vor 30.000 Zuschauern in Lienz den Superstar Alberto Tomba geschlagen hat, verlor nach dreieinhalb Jahren seinen geliebten *Balou,* eine Kreuzung aus Schäfer und Berner Sennenhund. Und auch dem Olympiadritten Hans Enn kam sein Dackel abhanden.
Aber Sigi Voglreiter hat noch seinen „halben" Bernhardiner.

Stars im Skizirkus waren nicht nur Karl Schranz, die Pröll, Franz Klammer oder jetzt Hermann Maier – ein Star war jahrelang auch *Babsi:* der Yorkshire-

Terrier der Skifamilie von Welcuppapst Serge Lang. Jeder Hund hat eine Story. Besonders *Babsi.*
„Ich hab' damals gerade 5000 Franken im Schweizer Toto gewonnen, meiner Frau Anne gegeben – aber nichts passiert. Bis mein Sohn Patrick erzählt: Heinz Gurtner, der Reisemanager der FIS, hat drei Yorkie-Welpen – warum kauft ihr ihm nicht einen ab?"
Gesagt, getan. Gurtner kommt ins Lang-Haus in Basel, bringt alle drei Welpen mit. Zwei sind brav, der dritte, kleinste, springt aufs Sofa und fühlt sich sofort heimisch – das ist *Babsi.*
Lang hatte seinerzeit als Regieassistent bei der Wien-Film „Es liegt was in der Luft" mit Hans Moser gedreht – und Anne, seine spätere Frau, war Filmjournalistin. So hat ihr Parallelslalom begonnen.
Nach den Kindern Corinna und Patrick kam *Babsi,* die kein Rennen ausließ. Serge hämmerte seine Skiberichte in die Schreibmaschine, daneben saß stundenlang und geduldig Anne, las ein Buch oder strickte – immer mit *Babsi* am Schoß.
Eine kapriziöse Hundedame. „Draußen" war ihr immer zu vulgär. *Babsi* konnte, wenn sie mußte, immer nur auf der Damentoilette. Was oft ganze Weltcuptourneen gefährdete.
Ein kleiner französischer Flugplatz, in der Mitte von nirgendwo. Christian Hajnik vom ORF und ich warten mit der Lang-Familie auf den kleinen Flieger – da wird *Babsi* plötzlich unruhig.
„Serge", fragt Anne, „wo ist die Damentoilette?"
„Frag mich was anderes", knurrt der massige Serge, worauf seine Frau trotzt: „Sei nicht frech. Du wirst doch wissen, wo hier . . ."
Darauf baut sich der massige Weltcupchef zu seiner

ganzen Länge von 1,95 Meter auf und belehrt seine Frau in seinem deutsch-französischen Sprachengemisch so laut, daß es alle hören: „Isch habe die Flugplatz nicht gebaut!“
*Babsi* muß in ihrem Körbchen bleiben, und die Weiterreise ist, sagen wir, eher deftig.
Ein anderes Mal löst *Babsi* fast eine Staatskrise aus. 1979, Skandinavien-Tournee des Skizirkus. Ingemark Stenmark, der „Skikönig“, in seiner Heimat gegen den Rest der Welt – ein Mega-Hit. Fernsehen, Radio, Zeitungen überschlagen sich tagelang.
Aber nicht wegen Skikönig Ingemar, sondern wegen einer Hündin: wegen *Babsi,* dem Yorkshire-Terrier von Serge Lang.
Die Frage heißt nicht: Wird Stenmark gewinnen? Sondern immer nur: Darf *Babsi* einreisen? Sie knurrt von allen Zeitungen auf Seite 1. Fast ein Staatsakt – aber ein Skandal liegt in der Luft.
„Ich bin auch selber schuld dran“, gibt Serge heute, fast 20 Jahre später, zu. „Ich erkundige mich, aber nicht genau genug. Meine Info ist: Der Hund darf einreisen. Aber man sollte alles wie beim US-Militär hinterfragen: Double-check oder Cross-check.“
Und die Botschaft hat Serge Lang ermutigt: „Natürlich dürfen Sie Ihren Hund mitnehmen. Wenn er ein Impfzeugnis hat – kein Problem.“
Aber beim Zoll in Oslo warten 15 Veterinäre und wollen *Babsi* in Quarantäne stecken. Bei minus 40 Grad.
Nicht beim massigen Serge. Der packt seine zierliche Frau Anne, sein Hündchen und fährt – spätabends – direkt ins Hotel. Um sechs Uhr früh hämmert es an seiner Zimmertür: „Königlich norwegischer Zoll – wo ist der Hund?“

*Zweite Ehe, zweiter Hund: Weltcup-Erfinder Serge Lang hat mit 78 nochmals geheiratet. Aus „Babsi" wurde „Babsou".*

Schlummert unschuldig auf seiner Hundedecke, muß aber sofort ausreisen. Widrigenfalls mit Gewalt gezwungen. Kurzer Familienkriegsrat. Dann fährt Anne empört mit *Babsi* zum Flugplatz und fliegt heim nach Basel. Serge bleibt empört und berichtet, wie Leonardo David, Italiens tragischer Skiheld, den Weltcupslalom gewinnt.

Ohne Anne und *Babsi* reist Serge Lang weiter zu den Rennen nach Aare. Beim Galadiner sitzt der schwedische König Carl Gustav dem Weltcupgast vis-à-vis. Man plaudert charmant, bis sich Königliche Hoheit vorbeugt, das übergroße Lang-Jackett genau mustert und leise-verschwörerisch fragt: „Mir können Sie es ja verraten: Wo haben Sie Ihren Hund versteckt?"

„Nirgends", poltert Serge Lang, „der mußte ja ausreisen."

1989 verliert Serge Lang seine Frau. Danach wird *Babsi* zu seiner treuesten Gefährtin, begleitet ihn sogar jeden Sommer, drei Wochen lang, zur Tour de France. „Ein einziges Mal nur ist sie im Pressesaal unartig." Ansonsten wartet sie stundenlang draußen vor der Tür, angehängt und Wasser schlabbernd, bis ihr Herrl seine Berichte fertiggetippt hat.
*Babsi* stirbt 1995 – für einen Yorkshire-Terrier im biblischen Alter von 16 Jahren. Für Lang schwierig zu verkraften, fürchten wir alle.
Aber, siehe da: 1998 fährt Serge Lang – bereits 78jährig – seine 48. Tour de France als Reporter mit. Kaum ist sie zu Ende, heiratet er, im gleichen Alter wie Anthony Quinn, seine neue Liebe Jocelyne.
Und einen neuen Yorkshire-Terrier hat er auch schon wieder: nicht *Babsi,* sondern *Babsou.*
Fast zur gleichen Zeit, Sommer 1998, läuft im ORF der uralte Hans-Moser-Film „Es liegt was in der Luft". Mit dem Insert: Regieassistent Serge Lang.
Es liegt wirklich was in der Luft: zumindest seine 50. Tour de France.

# Spiel, Satz und Wau

## *Muster und Micky – und die Boxerhunde*

Einmal treffe ich Thomas Muster in Willi Dungls Bio-Trainingszentrum in Gars am Kamp auf der Stiege. Er trainiert gerade für ein Comeback, ich habe mich beim Willi kaserniert, um ein Buch zu schreiben – und zwischen uns ein völlig sorgloser *Grimaldi.*

„So ein Hund", sage ich zu Thomas, „hat's gut."

Er denkt kurz nach, dann sagt er: „Net wirklich."

Was kann das schon für ein Hundeleben sein, ohne Chance auf ATP-Punkte?

Am 1. April 1989 hat Thomas Muster seinen schweren Unfall in Key Biscane – angefahren und bös am Knie verletzt von einem betrunkenen Autofahrer.

Am 30. Mai kommt der Hund seines Managers und Trainers Ronnie Leitgeb auf die Welt: ein Irish Setter aus der Steiermark, „woher sonst?"

Und ab sofort laufen das sensationelle Muster-Comeback und die fröhliche Welpenzeit des Leitgeb-Rüden *Micky* parallel. Sechs Monate lang. Das Hundebaby ist immer dabei, als sich Thomas bei Willi Dungl in Gars unter Schmerzen, aber mit unglaublicher Härte und Willenskraft den Weg zurück erkämpft. Noch mit Gipsbein absolviert Muster bereits Schlagtraining.

Das Fernsehen ermöglicht uns später eine tolle Zeitreise: Ronnies Hund wächst und wächst, Thomas Muster wird immer fitter und fitter. Die Bilder sind gegengeschnitten, Welpengeruch und Trainingsschweiß – aber noch kein Geruchsfernsehen. Und der Trainer-Manager stets mittendrin.

So wurde Thomas Muster die Nummer 1 der Tenniswelt und *Micky*, der Irish Setter, auch schon neun Jahre alt.
Thomas selber braucht keinen Hund. „Er hat ja mich“, sagt Ronnie.
Thomas Muster, der Willensstarke, Ehrgeizige, Zielstrebige – Horst Skoff, das schlampige Genie. So ungefähr war die österreichische Tennis-Philosophie vor etwa einem Jahrzehnt.
Horst hatte schon als Kind „immer einen Hang zum Tierschutz und Tieren überhaupt. Es mußte so kommen.“
Als Horst 18 wird, schenkt ihm sein Manager einen herzigen, aber schon recht lebendigen schwarzen Schäfer, sechs Wochen alt. Er wird *Top Ten* getauft.
„Ich bin damals Nr. 23 der Weltrangliste und nicht wirklich überzeugt, daß ich den Sprung unter die ersten 10 schaffen kann“, erinnert sich „Skoffi“ heute.
„Andererseits ist damals mein Lebenstraum, Casanova zu sein – was ich auch nicht bin. Also soll wenigstens mein Hund *Casanova* heißen.“
Jede andere Frau, mit der ein Tennisspieler zusammenlebt, hätte da sofort scharfe Zähne bekommen. Ulla Weigerstorfer, die „Miß World“, aber nicht unbedingt. „Sie findet den Namen zwar ein bißchen merkwürdig, aber letztlich haben wir uns geeinigt . . .“
*Casanova* ist Natur pur: ein wilder Hund, der unheimlich viel Freiraum braucht. „In der Nacht kommt er nach Hause schlafen, aber sonst sieht ihn meine Mutter oder ich den ganzen Tag nicht. Kann auch vorkommen, daß er überhaupt für ein paar Tage verschollen ist – aber plötzlich steht er in Kühnsdorf, Kärnten, wieder vor der Tür.“

Wie der Hund, so sein Herrl: „Skoffi“ ist heute der gleiche Rebell wie sein *Casanova* und in einem harten Kampf mit der ATP, die ihn gesperrt hat.
Seine langjährige Freundin Ulla Weigerstorfer hat den Stall gewechselt. Die frühere Miß Austria imponiert jetzt hoch zu Roß, ist Dressurreiterin geworden und hat mit *Welcome* und *Magic Life* sogar schon einige Dressurwettbewerbe gewonnen.
Zur Familie gehört auch der Schäferhund *Balu.*
Martina Navratilova, jahrelang die Nummer 1 im Welttennis, hatte ihr berühmtes Schoßhündchen immer dabei: ein Minihund, von ihr *KD* genannt – für „Killer Dog“.
Als die Spanierin Arantxa Sanchez 1994 zum ersten Mal die offenen französischen Tennismeisterschaften gewann, bekam sie einen Hund geschenkt – sie taufte ihn *Roland.* Zur Erinnerung an den berühmten Fliegerhelden, Fallschirmjäger und Langstrecken-Rekordflieger Roland Garros, der diesem Tennis-Klassiker seinen Namen gab.
Steffi Graf, die deutsche Tenniskönigin, hat sogar vier Schäferhunde: *Dino, Duffy, Max* und *Harrow.* „*Max* ist von allen vieren der treueste“, wie Rennfahrer Michael Bartels, Steffis langjähriger Freund, noch verrät.
Einen Schäfer hatte auch Alex Antonitsch, heute beliebter Kommentator im TV. Und der Südafrikaner Gary Mullen – als Doppelspezialist seinerzeit im Ranking ganz knapp vor Skoff – hatte einen Hirtenhund. Nicht nur, um verjagte Tennisbälle einzusammeln.
Und Ivan Lendl züchtet Schäferhunde auf seinem Besitz in Greenwich, Connecticut.
Max Schmeling, der berühmteste deutsche Boxer,

der 1998 seinen 92. Geburtstag feierte, sang einmal folgende Schellack:

„Das Herz eines Boxers
kennt nur eine Freiheit
Und das ist der Faustkampf allein.
Das Herz eines Boxers
kennt nur eine Liebe:
Im Ring stets der Beste zu sein."

Sein Nachfolger, Weltmeister Graziano Rocchegiani, hat noch eine Liebe: seine Hunde! Im Trainingscamp auf Mallorca läuft ihm eine Huskydame über den Weg. Zufällig am Donnerstag.

Für Menschen ist Donnerstag meist Heurigentag oder Europacup-der-Cupsieger-Tag, war aber früher für herrenlose, streunende Hunde in Spanien – also auch auf den Balearen – ein Tag der Angst. Jeden Donnerstag wurde erbarmungslos eingesammelt, und dann . . .

Die Fotos aus Südostasien, die einem das Herz umdrehen, gibt es aus Spanien nicht. Hunde mit traurigem, ängstlichem Blick, auf Rikschas in Drahtnetzen zusammengepfercht: Endstation – die feinen Restaurants. Aber was passiert mit den spanischen Hunden?

Vor allem mit jenem leidgeprüften Husky, der dem Boxweltmeister Graziano Rocchegiani auf Mallorca zugelaufen ist? Der Champion mit sardischem Blut und großem Herz adoptiert die Huskylady sofort. Weil sie ein blaugeschlagenes Auge hat, nennt er sie *Blue*. *Blue* ist bald wichtiger als Manager, Trainer und Sparringpartner. Und schenkt ihrem Herrl gleich sieben Welpen.

Graziano muß vorm nächsten WM-Fight sein Trai-

ningscamp aus den USA nach Europa verlegen – weil ihn seine acht Hunde nicht nach Amerika begleiten können.
Vier seiner sieben Welpen verschenkt er an Freunde. Drei hat er immer noch, plus Hundemama *Blue,* die er auch zum RTL-ORF-Kampfabend nach Wien mitnimmt.
Rocchegiani wohnt in einer Pension in der Innenstadt und geht jeden Morgen in der City joggen. *Blue* neben sich, ohne Leine, aber diszipliniert.
„Leinen Sie gefälligst Ihren Köter an!" fordert ihn ein grantiger Frühaufsteher-Hausmeister an. Nicht ganz zu Unrecht, aber bei „Köter" sieht der Boxer rot.
Und als sich der Hausmeister gar noch Graziano entgegenstürzt und ausholt, schlägt der Weltmeister ansatzlos zu. Ganz kurz blitzt die Rechte auf, und der Hausmeister hat ein gebrochenes Nasenbein.
*Blue,* als aufmerksamer Ringrichter, greift nicht ein. Aber ihr Herrl wird später zu 40.000 Schilling Geldstrafe verurteilt: ein Klacks für einen Boxermillionär. Und „nur" 40.000 Schilling bloß deshalb, weil der andere angefangen hat – wie Augenzeugen bestätigten.
„Killerhunde" mag es woanders geben, aber nicht in der Boxszene.
Max Stadtlander, der jahrelang das Wiener Boxidol Laszlo Papp gemanagt hat, war undenkbar ohne seinen kleinen weißen Pudel. Als über 90jährigen traf ich den einst mächtigsten Boxmanager Europas wieder: im Sommer am Wörther-See-Strand, den weißen Pudel an der Leine. „Meine Frau ist gerade beim Friseur . . ."

In den Roaring Sixties war die Wiener Stadthalle der Nabel der Boxwelt, Tummelplatz internationaler

Manager: außer Max Stadtlander noch: Freddie Sommers, Brillanten-Theo Wittenbrink und der Berliner Pelzhändler Willy Zeller.
Natürlich kam auch Ray Sugar Robinson, für viele heute noch der größte Boxer aller Zeiten, genannt Florettfechter im Boxring, ein grandioser Mittelgewichtler. Zwischen zwei Comebacks trat er im Pariser Lido als Stepptänzer auf, begeisterte auch auf der Bühne Millionen, kehrte in den Boxring zurück und wurde wieder Weltmeister.
Zu seinen größten Zeiten reiste Robinson stets mit eigenem Hofstaat: Frau, Manager, Koch, Masseur, Sekretärin und Spaßmacher Charly. Der mußte, wenn Ray Sugar es wünschte, sich beim Essen auf den Tisch setzen, in die Hände klatschen und seine Spassettln machen.
Als Robinson 1962 endlich auch nach Wien kam, reiste er immer noch mit eigenem Hofstaat an. Nur verdiente er da nur noch 180.000 Schilling pro Kampf. Hunde hatte er keine mit, die blieben zu Hause.
Wie bei Willy Zeller. Der kaufte in Berlin ein historisches Gebäude – die Göring-Villa. Bewachen ließ er sie von zwei schwarz-weiß gefleckten Königsdoggen. Das Herrl ließ sie scharf abrichten, aber das nützte alles nichts: Die Doggen hatten ein so weiches Herz, daß sie jeden Abrichter und überhaupt jeden Besucher freundlich abschleckten.
Wie sich die Königsdoggen jahrelang mit dem Pudel der Frau Zeller vertrugen, ist trotzdem eines der großen Boxgeheimnisse geblieben.

Später boxte auch Weltmeister George Foreman in Wien. Und was lag für uns näher, als ihn mit Bischof Kurt Krenn zusammenzubringen?

Der Boxweltmeister, der Prediger wurde, und der Bischof, der früher geboxt hat. „In einer Linzer Staffel", erzählte mir Krenn. „Aber zur Weltklasse hatte ich leider nicht genug Reichweite . . ."
Vier Fäuste für ein Halleluja: das war eine originelle Story im Radio.
Der Mann, der George Foreman nach Wien brachte, war Toni Fritsch, genannt „Wembley-Toni", seit seinen zwei Toren beim unvergessenen 3:2-Sieg über England 1965 – später Superstar im American Football bei den „Dallas Cowboys".
Die Gage für Foreman in Wien: Ein Lipizzaner. Denn der Boxer und Prediger ist ein echter Pferdenarr.
„Aber jeder einzelne von den Dallas Cowboys", erzählt Fritsch, „besitzt eine Ranch in Texas. Mit Pferde- und oft auch Hundezucht."

Welche Hunde kann, soll ein Box-Europameister aber wirklich haben? Natürlich Boxer. Der Wiener Ex-Europameister Heinz Lazek schwor auf diese Rasse: Er hatte immer nur Boxer, gleich sieben Generationen. Kaum hatte der eine Lazek-Boxer im Ringstaub seines Hundelebens den letzten Schnaufer getan, ausgezählt vom obersten Ringrichter, war schon der nächste Boxer da. Und alle hatten sie den gleichen Namen: *Hannibal* wie der grandiose Herrscher von Karthago.
„Leider wurden sie alle nur 5, 6 Jahre alt", erinnert sich Lazek-Schwiegersohn Peter Marklewitz traurig. Peter hat die Lazek-Tochter Dorli, eine Schönheitskönigin, geheiratet und selber Karriere gemacht: als Fernseh-Kameramann und als Profiboxer zur Zeit des Hansi Orsolics. Und seines berühmten Wellensittichs *Hansi,* natürlich.

„Aber ich hab' meinen eigenen Boxer nicht Hannibal getauft", erzählt Marklewitz. „Er heißt *Jimmy.*" Und Jimmy ging zum Regenbogen – wie bei Simmel.

Der berühmteste Radrennfahrer aller Zeiten war Fausto Coppi. Mit einer Aura, einem Charisma, das noch heute nachwirkt.
Er gewann Giro-d'Italia- und Tour-de-France-Etappen mit gewaltigen Vorsprüngen, in den Dolomiten meißelten die Tifosi seine Heldentaten in die Felsen – heute noch lesbar. Oder küßten seine Spuren auf den staubigen Landstraßen.
Fausto Coppi hatte einen blinden Masseur, der jede Muskelfaser des „Campionissimo" kannte . . .
Aber da war noch ein viel größeres Geheimnis: „La Donna bianca", die „Dame in Weiß", die jedesmal im Ziel auf Fausto Coppi wartete. Immer in Weiß gekleidet, immer mit einem weißen, zotteligen Hund. Ein Siegeskuß – und dann entschwebte sie wie ein Engel.
Die „Dame in Weiß" war Signora Locatelli, eine römische Arztgattin, Coppis heimliche Freundin. Der Superstar war ja selber verheiratet (mit Bruna), was die Sache doppelt verkomplizierte: Scheidung in Italien? In den 50er Jahren absolut undenkbar.
Je mehr der Illustriertenklatsch blühte, um so mehr zogen sich Coppi und seine „Donna bianca" aus der Öffentlichkeit zurück. No comments, keine Interviews.
1957 fährt der Wiener Dolfi Christian – gleich bei mir ums Eck in der Schönburggasse aufgewachsen – für „Carpano Coppi", den Rennstall des Campionissimo. Und wenn ich schon per Autostopp zu Enzo Ferrari nach Maranello fahren kann, denk' ich mir als junger

Reporter, kann ich auch gleich den sagenhaften Fausto Coppi in seiner Villa in Novi Ligure besuchen.
Der Campionissimo ist sehr nett, erzählt mir tolle Geschichten, lobt Christian – der prompt sensationeller Dritter in der Tour de France wird. Und bietet mir sogar an: „Signora fährt morgen sowieso nach Mailand. Der Hund muß zum Tierarzt. Also kann sie dich gleich im Auto mitnehmen."
Zwei Stunden im kleinen Fiat mit der „Dame in Weiß" und ihrem zotteligen weißen Liebling. Ich weiß nicht, was erwachsene Reporter dafür gegeben hätten. Auf spätere Zeiten übertragen: zwei Stunden mit Lady Di. Oder heute: mit Lady Sarah oder . . .?
Dem Hund hat's anfangs gar nicht gepaßt, daß er auf die Hintersitze muß. Daß ihm jemand, noch dazu angeblich von der Presse, den Platz neben der Signora stiehlt – wenn auch nur für zwei Stunden.
Aber als ich bei der Piazza Duomo aussteige, sind wir beinahe Freunde.
Heute wäre eine so lockere Autofahrt in Italien nicht mehr möglich: Seit zwei Jahren ist in unserem südlichen Nachbarland Anschnallpflicht für Hunde – 1957 noch keine Rede davon.
Ich krieg' fast eine ganze Seite im damaligen „Bild-Telegraf", der Vorgängerzeitung des heute legendären „Express".
Die spätere Coppi-Story ist dramatisch und tragisch. Signora muß nach Buenos Aires flüchten, um dort ihr außereheliches Kind zur Welt zu bringen – nur dann darf der kleine Faustino auch Coppi heißen. Der große Coppi stirbt 1960 an einer Malaria-Infektion, die er sich auf Ferien in Afrika geholt hat.
Und 1997, als ich gerade in Cortina bin, erscheinen in allen italienischen Sportzeitungen ganzseitige

Trauerberichte, die mir weh tun: „Die Dame in Weiß“, die seinerzeit ganz Italien bewegt hat, ist nach einem Autounglück gestorben – nach fast 500 Tagen im Koma.

Nach Coppi wurden die italienischen Tour-de-France-Siege sehr selten.

In diesen Jahren erklärte uns der sagenhafte Radsportexperte Ferry Dusika die Tour de France aus dem Fernsehstudio, zumeist direkt nach den Nachrichten.

Mit Dialogen zwischen Regisseur Peter Beilner und dem Kameramann, die man im TV natürlich nie hörte.

„Schwenk!“

„Wohin?“

„Zum Dusika.“

„Der ist nicht da.“

Ferry Dusika war, von Lampenfieber geplagt, noch rasch auf die Toilette gesprintet, während schon die Sendung lief.

Giro d'Italia und Tour de France im gleichen Jahr zu gewinnen: Der Traum jedes Radrennfahrers, vergleichbar nur dem „Grand Slam“ bei den Tennisprofis. Geschafft haben es – außer Fausto Coppi – nur Jacques Anquetil, Eddy Merckx, Bernard Hinault, Steven Roche, Miguel Indurain, bis 1998 der glatzköpfige Marco Pantani kam: Hobbysänger mit Show-Erfahrung, ein toller Draufgänger, wegen seiner großen, abstehenden Ohren „Elefantino“ genannt.

Und der „kleine Elefant“ hat die härtesten Schläge ausgehalten. Kollision mit einem riesigen Jeep. Und beim Giro d'Italia einen schweren Sturz, ausgelöst durch eine Katze, die ihm ins Vorderrad lief: schwarze Katze von links.

# Die Engel von Ibiza

## *Rettungsaktionen: von Senna bis zum Alfa-Tier*

Als Prinz Eugen in seinem Wiener Stadtpalais starb, weinte draußen in Schönbrunn sein Löwe. Mit Ayrton Senna, dem dreifachen Weltmeister und wahrscheinlich schnellsten Rennfahrer, den es je gegeben hat, und seinen Hunden war es ähnlich.

Außergewöhnliche Männer haben meist auch außergewöhnliche Hunde. *Kimba* hat sicher immer gewußt, daß Ayrton Senna etwas Besonderes war. Ein zielstrebiger Mensch mit Charisma, unglaublicher Kraft der Gedanken und viel Herz.

Senna sagte oft: „Millionen Straßenkinder in Brasilien sind nicht so privilegiert wie ich. Denen muß ich helfen – mit menschenwürdiger Unterkunft und Essen.“

Das millionenteure Kinderhilfswerk, das seine Schwester heute mit noch mehr Einsatz fortführt, seit auch ihr eigener Ehemann verunglückt ist.

Aber Senna hat auch immer gesagt: „Man muß auch trachten, daß man etwas für die notleidenden Tiere tut. Darf nicht tatenlos zuschauen, wie in Brasilien die Wälder abgeholzt werden und Tiere bei diesen Waldbränden elendiglich zugrunde gehen.“

Senna wußte immer: „Tieren kannst du bedingungslos vertrauen, mit denen kann ich spielen und Spaß haben, ohne jeden Hintergedanken – und ihnen voll vertrauen.“

Als Gegensatz zum Dschungel der Formel I.

Zwei schwarze, langhaarige Schnauzer. Der junge, kleine heißt *Maus,* die größere, ältere Hündin *Kimba.*

*Kimba* ist der Senna-Familie zugelaufen, hat früher bei Ayrtons Eltern gewohnt – und kam dann nach Angra dos Reis.

Später stieß noch der kleine *Maus* dazu. Für die Kinder und für die Hunde ein Paradies – und für Senna natürlich auch. Draußen in seinem Strandhaus in Angra dos Reis, etwa zwei Autostunden von Rio.

Sein langjähriger Betreuer Joe Leberer aus Salzburg erinnert sich noch heute: „Das war immer totaler Spaß für Ayrton und seine Hunde – nach dem ganzen Druck und Streß der Formel I: Jet-Ski-Fahren und mit den Hunden spielen."

Senna war nicht nur immer sehr kinderfreundlich, sondern auch extrem tierliebend. Mit den Kindern seiner Schwester Viviane, mit den Hunden zu spielen, gab auch ihm sehr viel. „Ich kann mich entspannen, und das macht enormen Spaß."

Sennas Vater, ein wohlhabender Busineßman, betreibt die Landwirtschaft als Hobby. Macht eigenen Käse, hat Pferde, Rinder, Gänse, Enten und Schweine, er baut Obst und Gemüse an – und inmitten der Natur fühlte sich Senna, totaler Gegensatz zur brüllenden Welt der Formel I, am wohlsten: auf der Farm und am Strand.

Wann immer Ayrton aus Europa zurückkam, führte er einen halbstündigen Tanz mit den Hunden auf. Wie sich *Maus* und *Kimba* jedesmal freuten, war sensationell.

Draußen, auf der Brücke, spulte Senna – Stoppuhr in der Hand, mit Pulsmeßgerät – seine Trainingsläufe ab. Und wann immer er halbwegs nahe zum Pier kam, sprangen die Hunde mit einem Riesensatz hinüber – und plumpsten manchmal auch hinein ins Wasser.

1. Mai 1994. Ayrton Senna verunglückt in Imola. *Kimba* spürt die Unruhe und Traurigkeit im Haus. Weigert sich tagelang, zu fressen, weint drei Monate lang.
„Wann immer draußen ein Auto vorfährt oder der Hubschrauber landet, rennt *Kimba* voll neuer Hoffnung hinaus, zehnmal ums Auto herum, dann ins Wohnzimmer, wartet stundenlang vorm Schlafzimmer, in das sie nicht hineindarf – und hofft immer noch, monatelang.
*Kimba,* die Ältere, leidet noch mehr als *Maus.* Nie hätte man gedacht, daß Hunde ein so gefühlsbetontes Leben haben. Sie spüren sehr, sehr lange, wenn jemand, den sie mögen, nicht mehr kommt. Oft länger als Menschen.
Vier Jahre später: Der Senna-Onkel hat *Maus* nach Portugal mitgenommen, aber dann seinen Besitz verkauft: Der Hund lebt jetzt beim Hausverwalter an der Algarve.
*Kimba* hat Junge bekommen, fährt wieder mit Begeisterung Jet-Ski, jetzt mit Ayrtons Bruder Leonardo oder Ayrtons 15jährigem Neffen Bruno.
Die zweite Rennfahrerkarriere ist schon gestoppt: Go-Kart-Fahren streng verboten. Aber Bruno provoziert mit Leidenschaft Überschläge beim Wasserskifahren oder springt aus zehn Meter Höhe aus dem Hubschrauber ins Meer – bis Großvater Milton auch das untersagt.
*Kimba* ist jetzt zwölf, aber immer noch verspielt wie ein junger Hund. Und schaut immer noch nach. Wie lange reicht bei Hunden die Erinnerung zurück? Wahrscheinlich ist ihr Langzeitgedächtnis ewig. Besonders beim Senna-Schnauzer.
Aber es gibt auch ein Kontrastprogramm.

Die „Tierliebe“ der Spanier ist bekannt – der Stierkampf ist nun einmal in der Tradition dieses Volkes tief verwurzelt. Aber man kennt auch die Storys von der Volks-Corrida in Pamplona, vom Stier, der mit Benzin übergossen, angezündet und durch die Straßen gejagt wird.
Oder von den grauslichen Bootswettkämpfen: Wer vom Wasser aus – auf quergespannten Seilen angebunden – die meisten Gänsehälse erwischt, ist der Sieger. Fluß ohne Wiederkehr auf spanisch.
Auf der Ferieninsel Ibiza hat es sich unter den Hunden längst herumgesprochen: Aufpassen jeden Donnerstag – das ist der gefährliche Tag. Der Tag der Hundefänger. Herrenlose oder streunende Hunde werden von der Straße weg eingesammelt, in ein Tierheim gesteckt. Und – wenn sich nicht binnen 14 Tagen der Besitzer oder ein Adoptiv-Herrl meldet – mitleidlos eingeschläfert.
Alte oder kranke, halbverhungerte Tiere genauso wie herzige unschuldige, kleine Welpen, die man oft in Mistkübeln findet – herzlos weggeschmissen.
Dagegen laufen seit drei, vier Jahren ein paar beherzte Frauen auf Ibiza Sturm: zusammengeschlossen in der Organisation „Duo“. Auf spanisch: „Dedere uno oportunidad“, auf deutsch: „Gib mir eine Chance!“
Natürlich haben die Hunde auf Ibiza ein Übervölkerungsproblem. Die Vierbeiner passen sich dem eher lockeren Leben auf den Balearen an – nur halt ohne Verhüterli – wie die Schweizer sagen würden.
Zwei junge deutsche Tierärztinnen, Bettina und Heike, packen das Problem als erste an. Während eines Ferientrips beschließen sie: „Wir bleiben gleich auf der Insel – und helfen den Hunden! Mit Impfungen, Sterilisierung usw.“

Rasch wird ein Platz gefunden: Eine tierliebende ältere Dame hat eine alte Finca (Bauernhof) in der Nähe von Santa Eulalia gemietet. Daraus wird die erste Tierklinik von Ibiza.
Und acht mutige Frauen – darunter Renate Podlech, die Gattin von Frentzen-Manager Ortwin – gründen die Hilfsorganisation „Duo“, die mittlerweile 18 Mitglieder hat.
„Los Angelos di Ibiza“ heißen sie wahrscheinlich in der Hundesprache: die Engel von Ibiza.
Sie retten kleine Hunde und vermitteln sie nach Deutschland – entweder in Tierheime oder direkt an einen Haushalt. Eine Familie, die sich entschließt, daß sie einen Hund will, möchte ja nicht unbedingt einen zehnjährigen Schäfer. Sondern eher einen Welpen, der mit den Kindern aufwächst.
Aber die „Engel von Ibiza“ vergessen auch nicht die größeren Hunde: Oft schließen sich zwei, drei deutsche Tierheime zusammen und holen gleich 20, 30 Hunde mit einem Lkw aus Ibiza ab.
Die „Boxenstopps“ zum Gassigehen zwischen Ibiza und Frankfurt – mit der Barcelona-Fähre dazwischen – können da schon recht anstrengend werden.
Aber auch die LTU stellt sich in den Dienst der guten Sache, fliegt öfters Hunde im Frachtraum nach Deutschland, natürlich vorher geimpft von Heike und Bettina.
Aber es ist irgendwie ein Kampf gegen Windmühlen.
Auf 30 Hunde, die ins gelobte Hundeland nach Deutschland ausreisen, kommen sicher 28 neugeborene Welpen auf Ibiza . . .
Zu den hundert Hunden, die schon im Tierheim leben.
Das alles kostet Geld. Aber da sind die Senoritas

*Zum Glück kein „Donnerstaghund", Grimaldi als Welpe.*

sehr erfindungsreich. Ich habe schon Geburtstagsparties auf Ibiza erlebt, wo am Eingang ein Holzhund mit der Sparkasse bittet: „Keine Geschenke – aber bitte spendet für uns." Da kommen bei Geburtstagsfesten bis zu 10.000 Mark zusammen: 70.000 Schilling.
Oder: Jazzbands treten auf, Grillparties steigen, Klamottenverkauf, Flohmarkt, Tombolas oder Benefizveranstaltungen jeder Art – und der komplette Reingewinn fürs Tierheim.
Es ist eine andere Art von Benefizveranstaltungen. Weil Fußballer den berühmten portugiesischen Fußballklub „Benfica" schon seit Jahren irrtümlich stets „Benefica" aussprechen, hatte ich immer den Verdacht: Sie denken an ihr eigenes Benefizmatch. Auf Ibiza erleben wir eine andere Art von Benefizveranstaltung – für die Hunde.
Und im Winter, wenn auf Ibiza gar nichts los ist, steigt die große Oldies-Night in der Disco: Die ist brechend voll, wenn Bill Haley und Elvis Presley aus dem Lautsprecher dröhnen.
„Rock for the dogs", heißt die Veranstaltung – zur Nachahmung bestens empfohlen.

Der größte Tierliebhaber von allen: Ing. Carlo Chiti, der massige Rennchef von Alfa Romeo, später Autodelta. Ein Koloß von einem Mann mit dem größten Herz für Tiere.
Jahrelang fing er jeden herrenlosen Hund, jede herumstreunende Katze auf der Straße ein und gab ihnen allen Asyl. Die neue Fabrik von „Autodelta" war bald Mailands größtes Tierschutzhaus.
Gefüttert wurde im Garten, nur manchmal gestört vom Lärm der Rennmotoren.
Chiti war eine Mutter Teresa der italienischen Hunde. Aber einmal brauchte er selber Hilfe: Auf einem Formel-I-Überseeflug wird der 120-Kilo-Mann von der Saugwirkung so heftig in den Toilettensitz gepreßt, daß er nicht mehr aufstehen kann. Die Stewardessen befreien ihn knapp vor der Landung.
„Zeitweise", erzählen mir Chitis Frau Lina und seine Tochter Olga, „war unser Haus ein riesiger Zoo. Da tobten gleichzeitig drei Hunde und drei Katzen durch unser Haus, schliefen im Bett oder auf dem Sofa. Aber alle waren happy und lebten friedlich. Nur auf sechs Haustiere gleichzeitig aufzupassen, war halt ein bißchen schwierig . . ."
Wie in einem typisch italienischen Rennstall eben: So ging es zu in der „Villa Chiti", ganz in der Nähe des Mailänder Hippodroms im berühmten Park „San Siro" von Mailand.
Olga Chiti: „Wir haben uns niemals Hunde kaufen müssen – irgend jemand hat uns immer Hunde gebracht. Oder sie kamen von ganz allein."
Chiti verwöhnte seine Pinscher *Omero* und *Brutus,* sein Lieblingshund aber war *Rina,* eine Promenadenmischung. Und sein letzter Hund: der Chihua-

hua *Briciola,* was auf deutsch „ein ganz kleines Stück Brot“ heißt.
*Briciola,* im Frühjahr 1998 gestorben, hat sein Herrl um fast vier Jahre überlebt.
Als Ing. Chiti am 7. Juli 1994 – im 70. Lebensjahr – starb, waren nicht nur alle glühenden „Alfisti“ traurig, sondern auch alle Hunde Oberitaliens. Denn der mächtige Mann mit der großen Tierleidenschaft war nicht nur immer ein leidenschaftlicher Vorkämpfer für Alfa Romeo, sondern auch für den Tierschutz.
Also nicht nur ein Alfa-Tier, sondern auch ein Alpha-Tier.

Eine neue Idee ist das „Huntel“. Wenn es schon eigene Lodges für Heli-Skiing gibt, eigene Hotels für Golfer, Biker oder Radtouristen – warum nicht auch für Hunde?
So entstand in Molln, Oberösterreich, das erste totale Hunde-Hotel: mit eigenem Trainingssaal zum Abrichten oder Üben und eigenem Teich zum Abkühlen.
An den Adria-Stränden gibt es seit vergangenem Sommer sogar Wasserrettungshunde, vor allem in Venedig und Ancona. In Bergamo werden Hunde sogar darauf trainiert, aus dem Hubschrauber abzuspringen.
Die Ausbildung erfolgt immer paarweise: für Mensch und Hund gemeinsam. Die erste stolze Bilanz: „Über 30 Menschen haben wir bereits vor dem Ertrinken gerettet!“
David Hasselhoff und Pamela Anderson, vierbeinig: die italienische Hunde-Version des kalifornischen „Baywatch“ hat sich bewährt. Sonderapplaus für vier Pfoten.

# Promenadenmischung

## *Erlebnisse mit Sportlern und ihren Tieren*

Hunde praktizierten bereits „Stretching“, lang bevor diese Trainingsform in Mode kam: dehnen und strecken sich in der Früh, als kämen sie direkt vom „aktiven Erwachen“ bei einem Willi-Dungl-Kurs.
Hunde sind nie falsch, können sich nicht verstellen. Ihre Körpersprache ist faszinierend. Aber solang man nicht selber Hunde hat, kann man sich kaum vorstellen, daß Hunde auch eine Mimik haben.
Einmal plante Willi Dungl, der Fitneßprofessor, mit Niki Lauda, Dieter Quester und mir ein Fitneßcamp in Kanada. Mit Überlebenstraining in der Wildnis, Schlafen im Zelt.
„Ihr müßt's nur auf die Bären aufpassen“, warnte Dungl. „So a Bär hat ja ka Mimik. Du weißt nie, ob er grad freundlich oder schlecht aufgelegt ist. Der kommt ins Zelt rein und tragt dich raus.“
Quester, unser Bester, reagiert als erster: „Du, Willi, ich glaub', im August hab' ich sowieso ka Zeit . . .“
Quester, muß man dazusagen, ist ein bissl vorbelastet. Einmal in Australien, am Weg vom Flugplatz zu irgendeiner Rennstrecke, hüpft ihm und seinem englischen Rennfahrerkollegen John Fitzpatrick ein Känguruh ins Auto – und bleibt regungslos liegen.
Quester ist sowohl Tierfreund als auch Spaßvogel – aber die gehören ja auch zu den Tieren. Also richtet er das bewußtlose Känguruh auf, lehnt es ans geparkte Leihauto und hängt ihm als Krönung noch dazu Fitzpatricks britisch-kariertes Sportsakko um.

Mit Brieftasche, Reisepaß, Führerschein und allen Kreditkarten.
Dann setzen sich die zwei gemütlich an den Straßenrand. Und warten voll diebischer Vorfreude, wie arg wohl ihre Teamkollegen erschrecken, wenn sie gleich heranbrausen – und da steht das Känguruh im Sportsakko.
Aber, du liebe Güte: Bevor noch ein zweites Auto kommt, wacht das Känguruh plötzlich auf – und hoppelt mit Fitzpatricks Sportsakko davon in den Busch. Mit Brieftasche, Paß, Führerschein . . .
Die zwei sind völlig entgeistert, fahren meilenweit zum nächsten Sheriff, um Anzeige zu erstatten:
„Ein Känguruh hat unser Sakko mit allen Dokumenten gestohlen."
„Who?" fragt der Sheriff, völlig entgeistert.
„A kangaroo", beteuern die zwei. Und werden wegen Verarschung der Staatsgewalt um ein Haar gleich eingesperrt. In die Menschenzelle, nicht zu den Känguruhs.
Quester & Fitzpatrick haben die Story schon hundertmal erzählt. Mit jedem Mal wird die Brieftasche dicker, das Känguruh größer. Das Happy-End?

Tiere drehen oft genug am Rad der Weltgeschichte mit. Manchmal auch Pferde.
In den achtziger Jahren besuche ich in Kalifornien den legendären Chuck Yeager, Vorläufer aller heutigen Astronauten, eigentlich schon der erste Weltraumflieger.
Am 14. Oktober 1947 in Südkalifornien mit dem ersten Überschallflugzeug aller Zeiten weltberühmt geworden. Der erste, der die Schallmauer niederriß, denn nicht wenige hatten gefürchtet: Mach 1 ist un-

überbietbar, an dieser unsichtbaren Grenze würden Flugzeuge und Menschen zerschellen oder zerbrechen.
Aber die fix programmierte Heldentat hing an einem seidenen Faden.
„Am Tag vor meinem Überschallflug", verrät mir Chuck Yeager ein Geheimnis, „stürz' ich vom Pferd, zwei Rippen angeknackst. Aber ich verbeiß' die Schmerzen, sage niemandem etwas von meiner Verletzung. Weil ich es hassen würde, wenn der Ersatzmann fliegt . . . und ich zuschauen muß."
Es klappt: 1066 km/h in 12.000 Meter Höhe. Aber den berühmten Knall, als Yeager die Schallmauer durchstößt, den Knall, der die ganze Welt verrückt macht, den hört Chuck Yeager oben am Himmel als einziger nicht: „Ganz klar und logisch – der Lärm passiert ja hinter mir."
Und heute? fragte ich damals Chuck Yeagers Ehefrau.
„Da denkt er nicht mehr an die X 1-Bell. Da repariert er nur noch meine Waschmaschine . . ."

Als ich von einem Grand Prix heimkomme, wartet Nora schon: „Wir fahren gleich weiter nach Baden. Dort ist eine junge Dame, die dich unbedingt kennenlernen will."
Eine junge Dame in Baden? Ich erforsche mein Gewissen – aber mir fällt nichts ein.
Nora lächelt wie eine Sphinx: Du bist nervös, stimmt's?
Nicht wirklich, nur neugierig.
„Kann ich der jungen Dame etwas mitbringen?" frag' ich vorsichtig, denk' an Gummibärli oder Schoko-Bananen.

„Nein“, sagt Nora verdächtig leichthin, „nur vielleicht ein paar Äpfel ...“
Aus Baden kenne ich nur Hans Buzek, früher Teammittelstürmer, heute Juwelier. Und mein großes Vorbild Heribert Meisel, der lang in der Kurstadt gelebt hat, am liebsten auf der dortigen Trabrennbahn.
Genau dort biegt Nora ab und fährt vor bis zu einem Stall: Gerald Fock, direkt neben Adi Übleis. Wer wartet auf mich? Und schon stehen wir vor einer Traberstute.
Nora stellt vor: „Das ist sie. Heißt *Unedid,* ein besonders liebes Pferd. Hab' ich am Wochenende bei einem Benefiz-Tennisturnier gewonnen ...“
Große Überraschung. Aber was tun damit? Keiner von uns kann reiten, Nora leidet überdies an einer Pferdehaarallergie.
Aber unsere Hunde lieben die zierliche, zweijährige *Unedid,* einen Koloß von neuer Freundin. *Dr. Spock,* devot wie noch nie, frißt vor lauter Liebe sogar ihre Roßknödeln im Stall – muß Liebe schön sein. Nur *Grimaldi* wuselt, in völliger Verkennung der Größenverhältnisse, so lang um ihre Hufe, bis er einen saftigen Tritt kassiert. Danach paßt er auf.
Nora arrangiert draußen in Baden rustikale Stallparties für ihr „Freyzeichen“-Team und unsere Freunde, mit Bauernbuffet, Pferden und Hunden.
Eine Stallatmosphäre, die auch Prof. Willi Dungl kennt: im Reitstall mit seiner Frau und seinen Töchtern. Als sich ein Reitpferd am Huf leicht verletzt, hilft der „Bio-Papst“.
Tags darauf halten unvermutet zehn Pferdefuhrwerke vor Dungls Massagesalon in der Wiener City – alle wollen ihre Pferde neu beschlagen lassen ...
Gerald Fock, jung und ehrgeizig, trainiert *Unedid,*

manchmal sitzen auch wir im Sulky, sehen aber nichts, außer einem riesigen Pferdehintern.
Und dann ist es soweit: *Spockis* und *Grimaldis* größere Schwester läuft in Baden ihr erstes Rennen.
Weil man zur Familie halten muß, setze ich für *Unedid* 100 Schilling auf Platz. Prompt wird sie auf Anhieb Zweite!
Ich denke sofort an Paul Newman und Robert Redford in „Der Clou", an Paul Gallicos „Meine kleine Miß Universe", an „Shalimar", das Wunderpferd des „Göttersohns und Frauenlieblings" Ali Khan.
Und an die französische Wunderstute *Gelinotte*, die als unschlagbar galt, sagenhafte Kilometerzeiten lief und unter ihrem berühmten Trainer Charly Mills auch einmal die große Sensation in der Wiener Krieau war.
Dort startet auch unsere *Unedid. Spocki* und *Grimaldi* sind fürchterlich aufgeregt wegen der tollen Atmosphäre – *Unedid* leider auch: immer schnell, aber immer entsetzlich nervös: 19mal (!) springt sie ein und wird disqualifiziert.
Der Derbysieg ist in diesem Pferdeleben wohl nicht drin. Mir tun die Berichte von Pferderennen weh, wenn sich Pferde „ihr Futter verdienen müssen", mir graust vor den Storys über erfolglose Rennpferde, die nach Italien abgeschoben werden, weil man dort fürs Pferdefleisch einen höheren Kilopreis bekommt. Und noch mehr vorm berüchtigten Hindernisrennen von Pardubitz.
Gemeinsam mit den „Vier Pfoten" mache ich im Radio eine Aktion gegen diesen organisierten Pferdemord.
Für *Unedid* wollte ich, wenn schon keine Lorbeerkränze und Siegerschleifen, wenigstens ein schönes

Pferdeleben. Wir schenkten sie einer Freundin, die oft sogar im Stall bei ihr übernachtet: draußen bei Deutsch-Wagram.
Andere Besitzerverhältnisse? „Das Pferd Sowieso aus dem Besitz des verstorbenen Filmschauspielers Oskar Sima“, schrieb unser lieber Kollege Walter Schwarz vor vielen Jahren im „Kurier“, „gewann gestern in der Krieau das österreichische Traberderby . . .“
Tags darauf: Anruf aus München beim „Kurier“. Am Apparat: eine mächtige Stimme, die wir alle aus den Filmen mit Hans Moser, Theo Lingen und Richard Romanovsky kennen:
„Hier Sima. Herr Schwarz, Sie Trottel, warum haben S' mich sterben lassen?“
„Ist mir peinlich, Herr Sima – aber das ist mir halt so aus der Feder geflossen“, konterte der Redakteur-Ingenieur. Worauf man sich am Telefon einigte: Totgesagte haben ein langes Leben.
Und einmal erschien im „Kurier“ ein Foto mit folgendem Bildtext: „Oskar Sima mit seinem Pferd Marliebherr (im Bild links).“ Darauf hat der ebenso beleibte wie beliebte Filmstar nicht mehr angerufen.
Dafür ein anderer:
Der legendäre Fußballmasseur Pepi Ulrich, der 1954 bei der unvergeßlichen „Sonnenschlacht von Lausanne“ Österreich – Schweiz (7:5) unseren vom Hitzschlag gezeichneten Tormann Kurt Schmied durchs Netz hindurch dirigiert hat – Tormanntausch war damals noch verboten. Zur Erklärung, was noch alles kam.
Exfußballer Pepi Hamerl, jetzt bei der Pensionsversicherung, bearbeitete einen Sterbefall „Josef Ulrich“

und rief sofort den Schwarz bei der Zeitung an: „Stell dir vor, der Pepi Ulrich . . .“
Walter rief darauf beim Fußballklub Rapid an – auch dort hatte man (durch Hamerl) schon davon gehört.
Worauf sich Schwarz an die Schreibmaschine setzte und einen tieftraurigen Nachruf auf Pepi Ulrich verfaßte: Der Beste. Unvergeßlich. Unersetzbar – auf einer halben Seite im „Kurier“, schwarz eingerahmt.
Tags darauf, sehr zeitig, reißt ein Telefonanruf den Redakteur-Ingenieur aus dem Schlaf: „Walter, bist du's?“
„Ja“, sagt Schwarz schlaftrunken, aber plötzlich hellwach: „Pepi, bist du's?“
Pepi Ulrich! Seine Stimme kommt aber nicht aus dem Fußballerhimmel, sondern aus Hütteldorf: „Walter, so schön hast über mich g'schrieben, dankschön, aber Walter, ich leb' ja.“
Schwarz: „Mußt schon entschuldigen, Pepi, aber ich hab' bei Rapid angerufen, und dort haben sie auch gesagt, du bist g'storben.“
„Aber Walter“, sagt der Pepi, „hättest mich angerufen.“
Walter Schwarz feiert heuer seinen 75. Geburtstag. Und die *Unedid* ist auch schon zehn.

„Willkommen auf meinem Gestüt, Mr. Bond, darf ich Ihnen meine Pferde zeigen?“ begrüßt Gert Fröbe, der „Goldfinger“, im besten aller 007-Klassiker Sean Connery. Der reagiert cool, aber hart: „Hoffentlich von besserem Blut als ihr Besitzer.“
Den genialen ORF-Generalintendanten Gerd Bacher nannte man stets den „Tiger“. Den bekannten Sportkommentator Peter Beilner den „Elefanten“. Und Professor Marcel Prawy, der populäre „Opernführer“,

hat zu Hause 150 Esel aus Stoff, Holz und Porzellan: „Für mich die intelligentesten Tiere."
Der „Mr. ZiB 2", Robert Hochner, erzählt, wie eine ältere Dame auf der Straße ihren Dackel anhält und auf den prominenten Fußgänger deutet: „Schau, Waldi, das ist der Herr vom Fernsehen."
Hochner hat zu Hause zwei Katzen: *Supergau,* weil am Tag der Tschernobyl-Katastrophe zur Welt gekommen, und *Fenek,* das heißt „Wüstenhund".
Aber auch Hochner hat längst erkannt: „Wenn du Katzen hast, bist du in deiner eigenen Wohnung nur noch Untermieter. Und das lassen sie dich auch sehr deutlich spüren . . ."
Der erbitterte James-Bond-Gegner Blofeld streichelte im Film immer eine weiße Katze.

Die Katze meiner Mutter war natürlich eine besondere Katze: Sie hatte die Grazie einer Prinzessin und das Herz einer Löwin. Vermutlich auch deren Krallen, denn die Streicheleinheiten hinterließen Spuren.
Die Katze war die wahre Regentin am Wiedner Gürtel und bestimmte den ganzen Tagesablauf. Das heißt, abends gab sie meiner Mutter schon Ausgang für Oper, Burgtheater oder Josefstadt. Meistens, aber nicht immer.
Da meist ich meine Mutter abholte, wurde ich automatisch zu ihrem natürlichen Feind. Später, hoffe ich, hat sie mir verziehen.
Die Katze, auf ihre Art eine Kaiserin Zita mit vier Pfoten, kam im biblischen Alter von fast 18 Jahren in den Katzenhimmel.
Meine Mutter war wochenlang untröstlich. Nach angemessener Trauerzeit war klar: Eine neue Katze mußte her. Edith Klinger bemühte sich, wir klapper-

ten Tierschutzhäuser und Katzenheime ab – aber keine Katze schien würdig genug, die Nachfolge anzutreten.
Eine war zu fett, eine zu agil, eine schlief zuviel, eine hatte den weißen oder schwarzen Fleck nicht da, sondern dort. Nur im Internet suchten wir nicht.
Aber dann fand meine Mutter über ein Inserat – bei einer sehr netten Familie in Simmering – fast unverhofft doch noch endlich die geeignete Thronfolgerin: Aristocat.
Sie heißt *Daisy,* aber wenn meine Mutter streng sein will, sagt sie *Theresa* zu ihr. Also nicht sehr oft.
Meine Mutter, eine glühende Verehrerin der Kaiserzeit, hat schon immer an das Erbfolgeprinzip der Habsburger geglaubt – auch bei den Katzen.

Als Elliott Gould in Hollywood noch den berühmten Detektiv Philip Marlowe spielte, gab es die legendäre Szene im Supermarkt um drei Uhr früh: Die Detektiv-Katze war hungrig, kaprizierte sich aber auf eine bestimmte Marke.
Wenn Katzen im Spiel sind, ist Hollywood überall.
„Katzen würden Whiskas kaufen“:
Ein Werbe-Genieblitz, der mich an den Wodka-Slogan der heute schon legendären „Express“-Zeiten aus den fünfziger Jahren erinnert: „Frauen lieben harte Männer – harte Männer lieben Puschkin.“
Wem dieser Spruch eingefallen ist? Roman Schliesser, dem jahrzehntelangen, legendären „Adabei“.

Mit Eduard Köck produzierte ich 1971 eine Jochen-Rindt-Schallplatte: Ein sonorer Herr mit einem Timbre in der Stimme, das Frauen beben ließ, aber ins Studio begleitete ihn meist sein Hund.

Damals präsentierte Köck im Fernsehen die Toto-Sendung mit drei Tipmöglichkeiten für jedes Match: Papierformtip, Expertentip im Studio und Zufallstip. Mit einer animalischen Idee: Vor jedem Matchtip stürzt sich ein Falke aus der Dekoration von ganz oben im Studio, bei den Scheinwerfern, in die Tiefe, flattert auf den Studiotisch und pickt mit seinem Schnabel aus dem Korb 1, 2 oder X – also den goldenen Tip.
Aber das brauchte Zeit.
Viele Monate vergingen, dann kam plötzlich ein unerwarteter Anruf: „Herr Köck, hier ist der Falkenbund. Die Falken wären jetzt dressiert." Nur leider gab es keine Fernseh-Totosendung mehr.

Nicht so dressiert wurde unser freifliegender Papagei, die Blaustirnamazone. Ein Tier mit erstaunlichem IQ. Wenn das Telefon anschlägt, sagt es „Hallo", aber klugerweise erst, sobald der Hörer abgenommen ist.
Der Papagei antizipiert auch richtig, wie Tenniskommentatoren sagen. Einmal fällt er schlaftrunken von der obersten Türkante, für ihn ein Bungee-jumping vom Empire State Building, aber ohne Seil, und sagt schon auf Höhe der Türschnalle: „Au!".
Ein anderes Mal attackiert er – die Größenverhältnisse etwas falsch einschätzend – die Dame des Hauses vom Fußboden aus. Nora rettet sich mit einer ausgebreiteten Zeitung. „Presse", ausnahmsweise nicht „Krone".
Aufgeregte Frauenstimmen machen den Papagei nervös. Da rollt er die Augen, breitet bedrohlich sein ganzes buntes Gefieder aus und marschiert kampflustig durch die Gegend.

Dafür liebt er Volksmusikstars heiß und innig. Wir kommen zufällig drauf, als im Fernsehen gerade eine Dokumentation über die Kastelruther Spatzen läuft. Der Vogel schaut und horcht fasziniert, wiegt sich im Takt, gurrt und schnurrt und singt sogar mit. Danach: Interviews mit der Gruppe: der Papagei schweigt.
Aber bei der nächsten Musiknummer der Spatzen gebärdet er sich schon wieder wie ein verrückter Fan.
Ich hab' dem Papagei die Zillertaler und die Klostertaler vorgespielt, ja sogar Hansi Hinterseer und einmal einen ganzen Musikantenstadl – er liebt nur die Kastelruther Spatzen.
Einen Mozart-Fan kann man auch schwer auf „Queen“ umpolen, und Kids, die auf Heavy Metal schwören, kann man auch nur schwer für Peter Alexander begeistern.
Sein Revier ist ein ganzes sonniges Salettl. Da hockt er stundenlang auf dem Käfig, kraxelt über seine Baumstämme oder fliegt.

Leben mit Tieren, Sport mit Tieren: „Laufen Sie auch im Training gegen Ihre Hunde?“, fragte ich Carl Lewis, den neunfachen Goldmedaillengewinner, einmal bei einer Talk-Show im Generali Center.
Der Superläufer lächelte: „Nein, weil ich meine Hunde absichtlich zu Mittelstreckenhunden erzogen habe, nicht zu Sprinterhunden. Ich will ja nicht riskieren, daß sie mich über hundert Meter besiegen ...“
Dafür schenkte Theresia Kiesl, die Olympiadritte von 1996, ihrer Freundin Stephanie Graf vergangenen Sommer einen Hund, der auf den Namen *Nike* getauft wurde, die direkte Connection zu Carl Lewis.

Prompt bedankte sich die Kärtnerin bei der Europameisterschaft in Budapest mit der Bronzemedaille über 800 Meter.

Tausende Gesichter von Sportlern und Tieren, Hunderte Storys.
Prag 1962, meine erste Eiskunstlauf-Weltmeisterschaft. Einige Jahre davor ist der Prager Korkmillionär Jellinek mit seiner Familie vor den Kommunisten aus der „Goldenen Stadt“ nach Kanada geflüchtet. Die Kinder, Maria und Otto, begabte Paarläufer, starten jetzt für Kanada.
Zur WM nach Prag sind sie nur gekommen, weil man ihnen problemlose Ausreise garantiert hat. Aber sie sind keine Favoriten, bloß Außenseiter.
Am Abend vor der Paarlaufentscheidung: Empfang in der österreichischen Botschaft. Es ist, was für ein Zufall, das gleiche Haus, in dem die Jellinek-Familie früher gewohnt hat.
Ein rührendes Wiedersehen. Die Köchin trocknet ihre Tränen mit der Küchenschürze, auch der Butler ist noch da. Und sogar der Hund erkennt Maria und Otto, seine Spielkameraden von früher, sofort wieder.
Tags darauf: Ein WM-Finale Marke Hollywood. Das deutsche Traumpaar Kilius-Bäumler schlägt bei einer waghalsigen Pirouette mit den Schlittschuhen zusammen. Die Protopopows patzen. Und so werden die Jellineks sensationell Weltmeister – was für eine Rückkehr nach Prag.

# Zuhause, wo dein Hund ist

## *„World Wide Wilson" auf 4 × 4 Meter*

Nach 20 Olympischen Spielen, ein paar Fußballweltmeisterschaften, zuletzt France 1998, fast tausend Live-Übertragungen von Skirennen und etwa 500 von Formel-I-Grand-Prix-Rennen fällt mir der legendäre englische Sportreporter Peter Wilson ein:
Im „Daily Mirror" schrieb er jahrzehntelang eine sensationelle tägliche Sportkolumne: „World Wide Wilson" – dazu das Foto des rasenden Reporters. Wo immer in der Welt ein tolles Sportereignis stattfand – Wilson war immer live dabei.
Vorgestern Leichtathletikmeeting in Zürich, gestern Muhammad-Ali-Boxkampf in Kuala Lumpur, heute Eishockey in Kanada, morgen Davis-Cup: Wilson überall. Immer im Flugzeug, nie zu Hause.
Als er ins Pensionsalter kam, kaufte er sich ein kleines Reihenhaus in einem Londoner Vorort. Dort lebte der Mann, der die ganze Welt kennt, mit vier mal vier Meter Grünfläche. Und mit Hund.
Wie sagte doch Jackie Stewart? *„Your home is where your dog is . . ."*

1953 wurde in Salzburg der Boxer *Arco* zum Helden: Ein ganz außergewöhnlicher Blindenhund, der bei einem unbeschrankten Bahnübergang seine Schutzbefohlene geistesgegenwärtig von hinten anspringt und blitzschnell den Bahndamm hinunterstößt – Sekundenbruchteile, ehe der Zug heranbraust.
Das Sensationelle an dieser Rettungsaktion: Boxer *Arco* ist – von der Boxerkrankheit befallen – selber

erblindet, läßt aber sein blindes Frauchen nicht im Stich. Er hat das Vibrieren der Schienen gespürt und mit dem wild aussehenden Sprung sein Frauchen gerettet.
Die Boxerkrankheit, vergleichbar mit unserem grauen Star, ist heute durch Operation heilbar.
Der umgekehrte Fall: Ein Wiener Pensionist stürzt sich vor der Schnellbahn auf die Geleise, um seinen Hund zu retten – und kommt selber ums Leben.
Und *Grimaldi* nach dem Zugsunglück? Da ist eine leise, feine Wandlung vor sich gegangen. Irgendwie wird er noch eine Spur menschen-, auch hundefreundlicher, verbellt nicht mehr jeden Dackel oder Pudel, sondern nur noch jeden dritten, lebt sein Hundeleben fast eine Spur bewußter – und ist überhaupt noch dankbarer geworden.

Es gibt Zahlen, die weh tun:
168.000 Tierversuche jedes Jahr in Österreich.
80.000 Hunde, die jeden Sommer zur Ferienzeit in Deutschland ausgesetzt werden, und 40.000 Katzen – stimmt diese Horrorbilanz wirklich?
Aber es gibt auch erfreulichere Bilanzen: Die Zahl der französischen Hirtenhunde in Österreich steigt. Und wenn die Kurve so weitergeht? Dann wird Antoine de Saint-Exupérys „Kleiner Prinz“, wenn er in 50 Jahren wieder auf die Erde kommt, vielleicht gar kein Schaf mehr wollen, sondern einen ganz anderen Wunsch äußern:
„Bitte, zeichne mir einen *Grimaldi.*“